PRESBÍTERO

Dados Internacionais de Catalogação na Publicação (CIP)
(Câmara Brasileira do Livro, SP, Brasil)

Carrara, Paulo Sérgio
  Presbítero : discípulo do Senhor e pastor do rebanho / Paulo Sérgio Carrara. – Petrópolis, RJ : Vozes, 2019.
  Bibliografia.

  1ª reimpressão, 2019.

  ISBN 978-85-326-6117-3

  1. Espiritualidade 2. Ministério – Igreja Católica 3. Misticismo – Cristianismo 4. Presbíteros 5. Teologia Pastoral I. Título.

19-25307 CDD-248.4
-253

Índices para catálogo sistemático:

1. Espiritualidade e mística : Cristianismo 248.4

2. Presbítero-pastor : Discípulo missionário :
    Cristianismo 253

PAULO SÉRGIO CARRARA

PRESBÍTERO

DISCÍPULO DO SENHOR E PASTOR DO REBANHO

EDITORA VOZES

Petrópolis

© 2019, Editora Vozes Ltda.
Rua Frei Luís, 100
25689-900 Petrópolis, RJ
www.vozes.com.br
Brasil

Todos os direitos reservados. Nenhuma parte desta obra poderá ser reproduzida ou transmitida por qualquer forma e/ou quaisquer meios (eletrônico ou mecânico, incluindo fotocópia e gravação) ou arquivada em qualquer sistema ou banco de dados sem permissão escrita da editora.

CONSELHO EDITORIAL

Diretor
Gilberto Gonçalves Garcia

Editores
Aline dos Santos Carneiro
Edrian Josué Pasini
Marilac Loraine Oleniki
Welder Lancieri Marchini

Conselheiros
Francisco Morás
Ludovico Garmus
Teobaldo Heidemann
Volney J. Berkenbrock

Secretário executivo
João Batista Kreuch

Editoração: Maria da Conceição B. de Sousa
Diagramação: Sheilandre Desenv. Gráfico
Revisão gráfica: Rúbia Campos Guimarães Cruz
Capa: Renan Rivero
Ilustração de capa: Lúcio Américo de Oliveira

ISBN 978-85-326-6117-3

Editado conforme o novo acordo ortográfico.

Este livro foi composto e impresso pela Editora Vozes Ltda.

Cuidai de vós mesmos e de todo o rebanho, pois o Espírito Santo vos constitui como guardiães (At 20,28).

SUMÁRIO

Siglas, 9

Prefácio, 11

Introdução, 15

1 Quem é o presbítero?, 19

2 Qual é a espiritualidade do presbítero?, 39

3 Qual a missão do presbítero?, 69

Referências, 111

SIGLAS

AL – *Amoris Laetitia*

DAp – Documento de Aparecida

DCE – *Deus Caritas Est*

DGAE – Diretrizes Gerais da Ação Evangelizadora da Igreja no Brasil

DV – *Dei Verbum*

EG – *Evangelii Gaudium*

EN – *Evangelii Nuntiandi*

GE – *Gaudete et Exsultate*

LG – *Lumen Gentium*

MC – *Marialis Cultus*

MM – *Misericordia et Misera*

MV – *Misericordiae Vultus*

PDV – *Pastores Dabo Vobis*

PO – *Presbyterorum Ordinis*

SC – *Sacrosanctum Concilium*

SCa – *Sacramentum Caritatis*

SIGLAS

PREFÁCIO

Paulo Sérgio Carrara, autor deste livro, solicitou-me uma introdução. É possível que esta honra se deva a laços de amizade, estabelecidos entre nós há mais de uma década, e por vínculos psíquico-espirituais mais profundos da "alma". A alma é o mistério da intimidade privada do humano. É a porção de terra herdada entre o místico e Deus. A deferência, talvez seja, também, uma forma de reconhecimento a uma certa opção de vida que tenho praticado no campo da pesquisa presbiteral, sobretudo no tema do adoecimento psíquico, *Síndrome de Burnout*, de padres diocesanos e religiosos.

Após ter lido com profunda emoção este livro, compreendi que se trata de um texto com três perguntas básicas para um padre contemporâneo: a) Quem é o presbítero (Teologia do Ministério)? b) Qual é a espiritualidade do presbítero? c) Qual é sua missão? Paulo Carrara não simplesmente teoriza a narrativa, mas desliza as letras sobre a vivência, a oração e o encontro com Deus através da missão presbiteral. Em outra parte do texto, o autor analisa os efeitos colaterais que o exercício ministerial pode produzir no cotidiano da vida do padre: as possibilidades paralelas que acompanham o cansaço, o desânimo, a perda de fé. Carrara analisa, ainda, a fraternidade presbiteral enquanto dispositivo terapêutico vivido através da pastoral presbiteral.

Segundo o autor, as angústias, as crises de ansiedade e depressão não são sofrimentos inúteis, escolhas masoquistas ou asceses sacrificantes. Os sintomas podem ser vividos enquanto ascese emancipatória, fecundidade da solidão, no silêncio da oração, na comunicação indizível com Deus. Através da palavra (O Verbo se fez Carne) Deus pode abrir uma brecha para nos curar mais profundamente, como expressa o religioso:

> Cura que não restaura o objeto perdido, transformando nosso deserto num oásis, mas que modifica nosso olhar sobre o sentido da nossa vida, de nossas escolhas e relações. Nesse caso, a cura exige que assumamos nossas decepções, frustrações, pecados, limites, perdoando suas causas. Trata-se de um processo doloroso, porém, se vivido na fé e no abandono à misericórdia de Deus, nos fará descobrir seu verdadeiro rosto. Deus jamais se identifica com os meios que nós mesmos construímos.

Carrara, nessa parte do livro, reflete a experiência de Deus como oração mística. Orar é, sem dúvida, uma experiência difícil. Pelo menos orar de modo sadio. "Não é fácil estabelecer um contato com alguém que jamais vimos, de quem não podemos fazer uma ideia senão por analogia e de quem não temos respostas pelas vias habituais da comunicação" (MORANO, 2003, p. 61). Segundo os místicos, Deus é, por si, uma experiência do mais profundo vazio que, como realidade para além do mundo, das pessoas e das coisas, não podemos utilizar conforme nosso livre-arbítrio. Sabemos que não podemos confundir Deus com o templo, com os tempos e com os saberes, sendo esses apenas mediações que levam ao mistério; não um mistério que produz regressão, infantilismo, inquietude e medo, mas que determina a confiança afetuosa. Trata-se de uma concepção de espiritualidade como mistério amoroso, que não postula uma fusão da pessoa com Deus, mas que se identifica mais com a "loucura" no sentido da subversão profética, como em Isaías e nos outros profetas bíblicos, ou com o vazio deixado por Jesus ao partir o pão com os discípulos de Emaús (cf. Lc 24,13-35).

Em segundo lugar, o autor enfatiza a oração enquanto experiência que fortalece o serviço presbiteral. Apresenta, ainda, a necessidade do apoio afetivo de amigos e amigas, diretores espirituais e terapeutas, para a longa caminhada da vida. No caso da amizade, trata-se de uma recuperação da dimensão do afeto por excelência, em seu verdadeiro sentido de desprendimento como elemento básico da vida social. Um presbitério ou uma comunidade fundada na valorização da amizade e da *fratria* traz para a cena pública todas as bases da ternura, do companheirismo, da solidariedade e da justiça. Esse caminho leva inevitavelmente à mística, à profunda experiência da ternura de Deus. Suas vigas de apoio incluem também as relações de amizade com homens e mulheres que ajudam a nutrir a dimensão lúdica e estética da vida.

Portanto, este livro discute desafios, estratégias e caminhos com os quais o presbítero se depara durante o exercício do seu ministério, apresentando a espiritualidade e a oração como caminhos seguros para o equilíbrio e a saúde psíquico-espiritual, o que talvez seja um dos aspectos mais difíceis para o presbítero contemporâneo, que se vê desafiado – e também atraído – pela cultura urbana consumista, pela tentação do ativismo clericalista burocrático e pela sensação do desamparo. Pelas características de estudo de pesquisa do autor, foram valorizadas abordagens multidisciplinares sobre o tema da oração e da vida espiritual, que estilam o diálogo entre a antropologia, a cristologia, a experiência dos grandes místicos, os documentos dos papas e a visão missionária latino-americana.

O texto se detém, de algum modo, sobre a problemática da construção dos objetos de pesquisa, ou seja: **presbiterado, espiritualidade e missão**. Há um intercâmbio entre o saber e a sabedoria. O saber é uma produção do pensamento, da cultura, da erudição, que se adquire ao longo da vida, muitas vezes dentro das universidades e da leitura cotidiana. Já a sabedoria é a virtude, o equilíbrio, o senso de justiça, da cooperação, da delicadeza com o outro, da partilha, que não se aprende nos livros, mas nos grupos que vivenciam a partilha do pão – a Eucaristia. Paulo Carrara traz essa mistura entre o saber erudito e a sabedoria. Seu texto é uma *bricolagem* que mistura mística, teologia e pastoral.

No momento em que a Igreja Católica no Brasil busca caminhos de espiritualidade que revalorizem a oração, a identidade presbiteral e os rumos missionários que suavizem os efeitos terríveis do "desenvolvimento neoliberal", que, como é sabido, provoca miséria, ignorância e até genocídio, este texto adquire quase o caráter de obrigatoriedade frente à urgência da realização do sonho de uma nova identidade presbiteral que seja, ao mesmo tempo, espiritual e pastoral. Entre as reflexões e as vivências relatadas nas páginas deste livro, o leitor se sentirá premiado pela análise do lugar da oração na vida cristã e presbiteral, pelas referências à experiência espiritual de São João da Cruz, Santa Teresa, Santo Afonso e pelas provocações do Papa Francisco.

Resta-me somente fazer votos para que todos e todas, presbíteros, religiosos e religiosas, amantes da vida, da amizade, da Última Ceia, consigam extrair do texto o mesmo entusiasmo que provocou em mim. O texto do autor é vitorioso, embora possa ser derrotado na prática. Não é grave. Suas ideias fazem parte da vida, das revoluções micromoleculares e das utopias ativas que nos encorajam. A proposta do livro faz parte desse todo vivente que sempre renascerá das cinzas: a Ressurreição.

William Cesar Castilho Pereira
Doutor em psicologia pela UFRJ
Psicólogo clínico
Analista institucional

INTRODUÇÃO

Este livro traz o texto-base do 17º Encontro Nacional dos Presbíteros. A boa acolhida do texto por parte dos presbíteros e a sugestão de alguns participantes levaram à ideia de uma publicação. O texto foi apresentado à Editora Vozes que, depois de avalição, acolheu a ideia. Após aprovação da Editora, o texto foi revisto e ampliado, segundo sugestões dos próprios participantes do encontro. No entanto, substancialmente, o livro permanece fiel ao texto-base. Os acréscimos aprofundam alguns aspectos, como, por exemplo, o da pastoral presbiteral, tema levantado por vários presbíteros durante o encontro. As dificuldades que os presbíteros enfrentam hoje tornam a pastoral presbiteral uma urgência.

O tema e o lema escolhidos para o encontro nos situam no coração da teologia do ministério presbiteral. A tarefa que se nos impõe, portanto, se concentra no resgate de alguns aspectos cruciais da teologia, da espiritualidade e da missão do presbítero. Percurso que fizemos tendo como referência as fontes da teologia: A Palavra de Deus que, segundo a *Dei Verbum*, é "a alma da teologia" (DV 24), o magistério da Igreja, mormente o magistério do Papa Francisco, a liturgia, a teologia hodierna do presbiterado, a espiritualidade, as formas de compromisso cristão do povo de Deus e o contexto sociocultural e religioso, no qual vivemos nossa vocação presbiteral e que nos lança inúmeros desafios, sobre os quais nos debruçamos em vista da abordagem de perspectivas para o exercício do nosso ministério.

Não apresentaremos grandes novidades, pois os documentos do magistério, da CNBB e os estudos teológicos sobre o ministério presbiteral são abundantes e contemplam todas as suas dimensões. Nem seria necessário dizer mais. Esse texto se configura apenas como ponto de referência para a partilha e aprofundamento de nossa bela e desafiante vocação presbiteral. Para os que desejam pesquisar mais detalhadamente o assunto, as referências bibliográficas apontam um caminho possível. A pretensão, portanto, não foi dizer algo inédito, até porque nem seria possível, uma vez que a profunda tradição da Igreja foi delineando, ao longo dos séculos, a identidade do presbítero. O livro, portanto, permanece incompleto quanto à temática da teologia e espiritualidade do ministério presbiteral. Seu escopo é apenas elencar alguns elementos cruciais para a vivência desse ministério hoje.

Quanto à metodologia, optamos por citar no texto os documentos e os autores consultados. Esse meio metodológico não compromete, no entanto, a linguagem, que procuramos tornar o mais fluente possível, para que a leitura seja agradável. A teologia erudita, embora necessária, às vezes se torna prolixa, e o mais importante não é transmitir conhecimentos, mas iluminar a experiência em vista da sempre desafiante conversão, que ultrapassa o simples convencimento, por incluir a *conversio cordis*. O mais importante é que a leitura suscite ressonância interior, não porque explicamos conceitos, mas porque tratamos do "Mistério Santo", na expressão de Rahner, com palavras limitadas, incapazes de traduzir a incompreensibilidade e a beleza da autocomunicação de Deus aos seres humanos em verdade e amor, através de Jesus Cristo, o Filho de Deus feito carne, e o Espírito Santo.

O título do livro conserva o tema e o lema do encontro. O tema nos é mais familiar: *Presbítero, discípulo do Senhor e pastor do rebanho*. Sabemos que nossa vocação nos faz discípulos e pastores. O lema é uma passagem dos Atos dos Apóstolos tirada do discurso de Paulo aos presbíteros de Éfeso: *"Cuidai de vós mesmos e de todo o rebanho, pois o Espírito Santo vos constitui como guardiães"* (At 20,28). Esse versículo resume o essencial da teologia e espiritualidade do ministério presbiteral. O antigo adágio latino rezava: *agere sequitur esse* (o agir segue o ser). O agir do presbítero brota da própria vocação presbiteral, ou seja, *do ser presbítero*. Teologia, espiritualidade e missão se entrecruzam na temática geral deste livro, que responde, de maneira sintética e não exaustiva, a três perguntas: Quem é o presbítero? (Teologia do Ministério). Qual é a espiritualidade do presbítero? (Espiritualidade). E qual sua missão? (Pastoral). No texto de Paulo já encontramos o esboço das respostas: "Cuidai de vós mesmos (espiritualidade) e do rebanho (missão), pois o Espírito Santo vos constituiu como guardiães (teologia)".

1

QUEM É O PRESBÍTERO?

O Espírito Santo vos constituiu como guardiães (At 20,28)

> *Não te peço, Senhor, sua vinda à Terra –*
> *onde chegas em cada missa, onde estás*
> *em cada sacrário, onde vives em cada*
> *pobre... Não te peço a vinda a mim, pois*
> *desde o batismo somos um. A vinda que*
> *te peço hoje é a tua vinda à tona de meus*
> *olhos, de meus ouvidos, de meus lábios,*
> *de minhas mãos... Vê através de mim!*
> *Escuta comigo! Fala por meus lábios!*
> *Age por minhas mãos! (Dom Helder).*

1.1 O presbítero segundo At 20,17-37

A vocação presbiteral brota do chamado do Senhor e a missão do presbítero é pastorear o rebanho. No Livro dos Atos dos Apóstolos encontramos o fundamento bíblico do ministério presbiteral: *"Estai atentos a vós mesmos e a todo o rebanho, nele o Espírito Santo vos constituiu guardiães, para apascentar a Igreja de Deus, que Ele adquiriu para si pelo sangue do seu próprio Filho"* (At 20,28). Este versículo se encontra no contexto da despedida de Paulo dos cristãos de Éfeso, mais especificamente dos seus presbíteros (At 20,17-37).

Partindo para Jerusalém, o apóstolo pressente que não mais verá as comunidades que ele fundou. Trata-se de um discurso de despedida, gênero literário que aparece em outras passagens das Escrituras. O próprio Jesus faz seu discurso de despedida no Evangelho de João (Jo 13–17). Segundo Fabris, o discurso traz articulação precisa: convocação em Mileto dos presbíteros de Éfeso (At 20,17-18a); retrospectiva dos trabalhos apostólicos na Ásia (20,18a-21); sentimento de Paulo em relação à sua viagem para Jerusalém (20,22-24); despedida e primeira exortação (20,25-28); previsão de seu futuro e nova exortação (20,29-31); recomendação ao Senhor (20,31); exortações finais (20,33-35); saudação (20,36-37) (FABRIS, 1991, p. 365-366).

Paulo reúne os presbíteros da Igreja de Éfeso em Mileto e lhes declara ter conduzido sua vida como discípulo fiel do seu mestre traído e perseguido (cf. Lc 22,26.28). Ele foi a testemunha que conduziu os pagãos ao conhecimento do único Deus e buscou levar os judeus à aceitação de Jesus Ressuscitado (BOSSUYT & RADERMARKERS, 1995, p. 601). Os guardiães são os responsáveis pelas comunidades cristãs, guiando-as e sustentando-as. Podem ser tanto os *presbýteroi* (anciãos da comunidade como no modelo sinagogal) quanto os *epískopoi* (inspetores ou supervisores). Na comunidade de Éfeso eles não se distinguem claramente (At 20,17.28). O que o apóstolo lhes transmite consiste no seu *testemunho espiritual*, modelo para o pastor cristão. Considera-se esse texto o "testamento pastoral de Paulo", no qual apresenta os traços marcantes de seu apostolado: *serviço fiel* e constante ao Senhor e *pregação incansável* do Evangelho. Trabalho realizado na *humildade* e na *perseverança* em meio às diversas tribulações causadas pelos judeus, que não lhe perdoam a apostasia, e pelos conflitos emergentes nas comunidades por ele fundadas. Paulo, no entanto, permanece firme na fé, demonstrando, a cada momento, mansidão, sociabilidade, afabilidade, brandura, delicadeza, amorosidade. No discurso do apóstolo despontam os traços característicos do verdadeiro pastor, que deve ser "homem libertado da autoexaltação", ou seja, não centrado em si mesmo e nos seus próprios interesses, mas "dedicado com todo empenho e entrega afetiva aos outros homens". O apóstolo acentua as características essenciais dos pastores, dos guardiães das comunidades: são discípulos do Senhor, pastores que cuidam do rebanho com solicitude e amor sincero (FABRIS, 199, p. 361-367).

O entusiasmo de Paulo com respeito à missão contrasta com seu estado de ânimo. Sabe bem o que o espera em Jerusalém e, como Jesus, o Mestre, prepara-se para sofrer a paixão. Perseguições, injúrias, cadeias e humilhações vão determinar sua sorte, mas essa é a lógica do Evangelho (cf. Jo 22,25; Mc 8,35; Lc 9,24). O Espírito Santo fará Paulo participar do destino do Mestre em Jerusalém, porém a única coisa que ele deseja é permanecer fiel até o fim, testemunhando, alegremente, o amor gratuito de Deus (At 20,24b). O apóstolo não anunciou ideologias religiosas, sequer apresentou doutrinas rígidas ou sistemas morais complicados. Quis apenas comunicar a boa notícia que transformou a sua vida: o amor incondicional de Deus, a sua "graça" (FABRIS, 1991, p. 368). Para Lucas, a missão dos apóstolos consiste em dar testemunho do Ressuscitado (cf. Lc 24,48; At 2,32; 3,15; 4,33; 5,32; 13,31; 22,15) e da sua vida pública (cf. Lc 1,2; At 1,22): "Mas recebereis uma força, a do Espírito Santo, que descerá sobre vós, e sereis minhas testemunhas em Jerusalém, em toda a Judeia e a Samaria, e até os confins da terra" (Lc 1,8).

Ao se despedir, Paulo lembra aos presbíteros que devem prestar conta daqueles que lhes foram confiados. Respondem a Deus pela comunidade na qual realizam sua missão. O Espírito Santo os constituiu como guardiães da comunidade cristã, da *ekklêsia*, a assembleia de Deus. Em At 20,28 encontramos a palavra crucial de Paulo aos presbíteros, desejando-lhes que continuem seu labor e serviço apaixonado à Palavra da graça na comunidade, que pertence não aos presbíteros, mas a Deus, que conquistou seu povo com o sangue do próprio Filho.

Assim como o povo que Ele resgatou do Egito, a comunidade lhe pertence, porque adquirida "graças ao sangue de seu Filho" que, num ato supremo de amor e fidelidade, firmou aliança definitiva entre Deus e sua Igreja, entre Deus e a humanidade. Os presbíteros exercem seu ministério nessa perspectiva redentora que diz respeito à Igreja. Seu ministério não se configura como propriedade privada, mas se compreende na dimensão eclesial. Sua missão se caracteriza como um carisma, dado pelo Espírito Santo. Eles não se fizeram presbíteros, apenas receberam uma vocação dada pelo Espírito Santo através das mediações humanas na comunidade cristã. O Espírito se encarrega de atualizar o testemunho do próprio Jesus, oferecendo a todos o Reino através de pastores que conduzem a comunidade. Os guardiães receberam a incumbência de supervisionar a comunidade, apascentando o rebanho, Igreja de Deus. Único e definitivo pastor é tão somente Jesus Cristo (cf. 1Pd 2,25; 5,4; Jo 10,11.14). Ser presbítero significa continuar a missão do pastor supremo: guiar, defender, cuidar, animar, encorajar, acompanhar os fiéis. Não se comportam como senhores que escravizam e oprimem (FABRIS, 1991, p. 369-370).

Paulo alerta, ainda, para riscos de desvios depois de sua partida. Os presbíteros devem proteger a comunidade dos lobos vorazes ou falsos profetas que enganam a comunidade e dos sedutores, que surgem no meio dos presbíteros para desviar os fiéis. Os falsos mestres são retratados nas cartas pastorais (cf. 1Tm 1,3-4.6-7; 2Tm 2,14.16-18; 3,1.8; 4,3) e na Segunda Carta de Pedro (cf. 2Pd 2,1-3.18-19). Aos continuadores de Paulo cabe o dever de garantir a fidelidade e a continuidade do patrimônio de fé recebido (FABRIS, 1991, p. 370).

Ao definir o estatuto exigente dos presbíteros, Paulo os recomenda à Palavra do Senhor, para que não desanimem frente aos desafios. A confiança deve ser posta no Senhor. A palavra da salvação não vem dos presbíteros, mas do Senhor que capacita os líderes para construir e animar a comunidade. Estão a serviço da Palavra e de sua eficácia salvífica. Tal palavra não se traduz num conjunto de doutrinas ou em ideologias, mas é a própria graça de Deus em ação para que a construção da comunidade seja sólida e bem-fundada (cf. 1Cor 3,10) e garantia de um futuro salvífico (FABRIS, 1991, p. 371).

Uma última exortação, não menos importante, finaliza o discurso de Paulo. Ele trata da situação econômica dos presbíteros. Propõe que atuem desinteressadamente, sem acumular riquezas, representada no antigo mundo bíblico pelo ouro, a prata e as vestimentas luxuosas. O próprio Paulo se manteve distante da cobiça e da ambição por bens materiais. Realizou trabalhos manuais para não sobrecarregar as comunidades e para ajudar nos projetos missionários. Seu trabalho de evangelização não foi propaganda religiosa interesseira. Encoraja os presbíteros a trabalhar para que cumpram as obrigações de socorro aos fracos, pobres privados de apoio econômico e social (cf. Ef 4,28). Socorrer os necessitados e doentes concretiza de maneira eficaz o mandamento de amor ao próximo. O cuidado espiritual não elimina, antes exige o cuidado material com os marginalizados. Paulo atribui ao Senhor, na lógica do Sermão da Montanha, as palavras: "Dai e vos será dado" (cf. Lc 6,30-38). Embora Jesus não as tenha pronunciado, elas resumem sua vida e ensinamento (cf. Mc 10,45). A despedida de Paulo termina com a oração dos presbíteros por ele, que em atitude de humildade se ajoelha. Como Jesus, Paulo termina seu discurso com a oração. Nela se fundamenta a coragem, a esperança, a perseverança, a liberdade e a solidariedade. Os presbíteros são homens de oração que cultivam sua intimidade com o Senhor (FABRIS, 1991, p. 371-372).

No discurso de despedida de Paulo vislumbramos a dimensão trinitária do ministério presbiteral. Ela se explica a partir do próprio mistério de Deus que se desvela na Igreja. *Deus Pai* adquire para si uma Igreja, uma assembleia santificada, que lhe pertence como o antigo povo de Israel. Essa Igreja foi adquirida pelo seu próprio *Filho feito homem, Jesus de Nazaré*, a Palavra da Graça, cuja vida foi serviço à humanidade e entrega ao desígnio de salvação do Pai. O *Espírito Santo* atualiza o testemunho de Jesus, sua vida e obra de salvação. A Igreja nasce do dom do Espírito que lhe dá pastores vigilantes para que permaneça fiel ao seu Senhor. Os anciãos se confiam a Deus e à sua Palavra, são conduzidos por sua graça. Paulo se torna, assim, o modelo dos presbíteros. As palavras de Jesus na última ceia traduzem o ministério do apóstolo: "Eu, porém, estou no meio de vós como aquele que serve" (Lc 22,27) (BOSSUYT & RADERMARKERS, 1995, p. 606-607).

1.2 A práxis de Jesus

A prática ministerial na Igreja se compreende à luz da atuação de Jesus, cujo ministério não foi propriamente sacerdotal. O conceito de *sacerdote* nas religiões pagãs e no próprio judaísmo do Antigo Testamento se refere sempre a uma realidade dividida em sagrado e profano. O sagrado alude à plenitude de ser, ou seja, diz respeito a uma totalidade perfeita na sua imutabilidade e perene equilíbrio. O profano, por sua vez, se caracteriza como realidade marcada pelo caos, carente de ser e necessitada do complemento que emana do sagrado. Nesse contexto, o sacerdote emerge como pessoa sagrada, cuja tarefa é levar o sagrado ao profano. Embora a religião mosaica se distinguisse de outras na sua concepção do sagrado e do culto, seu conceito de *sacerdote* se assemelhava ao das outras religiões, para as quais o sacerdote é o mediador entre Deus e os seres humanos, cabendo-lhe oferecer sacrifícios para reconciliá-los com Deus. Jesus não pertencia à tribo de Levi nem à família de Aarão, responsáveis pelo culto no Templo; portanto, não era sacerdote segundo a concepção judaica, mas, juridicamente, na linguagem de hoje, era um fiel leigo consciente de estar a serviço de uma missão radicada na vontade do Pai (cf. Hb 5,4s.; Mc 8,31). A partir de sua relação com o Pai, vive a serviço dos outros (TABORDA, 2011, p. 32-36).

A atuação de Jesus se desenvolve, assim, em outra perspectiva, provocando ruptura com a ordem vigente, sustentada pelo sagrado. Para Ele, o único absoluto é o Pai, *Abba*, que demonstra seu amor ao ser humano concreto e histórico. O ser humano é, pois, *senhor do sábado*, ou seja, está acima da lei sagrada e do poder político de César (cf. Mc 3,1-5; Lc 13,10-17). Sua mensagem se centra no anúncio do Reino de Deus, oposto ao reino do imperador, que explorava o povo, cobrando altos impostos e punindo os que se rebelavam e se opunham à lógica injusta da opressão destruidora da dignidade humana. Os chefes dos judeus – sacerdotes, anciãos – dominavam a partir do sagrado em consonância com o Império Romano. A pregação do reino demonstra que Deus ama o ser humano incondicionalmente e o seu desejo é reinar no meio do povo, através da justiça e da fraternidade.

A atuação de Jesus o distancia da prática sacerdotal vigente no judaísmo de sua época. Ele é, inclusive, confundido com João Batista redivivo, com Elias, Jeremias ou algum dos profetas (cf. Mt 16,14), ninguém o vê como o sacerdote esperado. Questionam se Ele é o Messias (cf. Jo 7,26-27), ou o profeta (cf. Jo 6,14), mas não se Ele é sacerdote. A Epístola aos Hebreus, no entanto, atribui a Jesus o título de *sacerdote* e *sumo sacerdote*, que se explica pelo contexto da comunidade cristã à qual se dirige a epístola. Na verdade, seu autor exorta (cf. Hb 13,32) uma comunidade que pertencia à segunda geração cristã (cf. Hb 2,3). Tratava-se de uma comunidade afetada por grave crise por causa da perda do entusiasmo inicial. Medo, desânimo e falta de motivação marcavam sua caminhada (cf. Hb 12,3-4). Rejeitados e perseguidos, os cristãos viviam uma crise de perseverança e se sentiam tentados a abandonar o difícil caminho cristão e até mesmo a fé (cf. Hb 10,33.36; 10,25; 10,28-31). De um passado corajoso e perseverante (cf. Hb 10,33-35), chegaram a uma situação de fragilidade e arrefecimento, até mesmo doutrinário (cf. Hb 13,9). Essa grave crise faz brotar em muitos uma saudade do antigo culto mantido pelos sacerdotes, da liturgia suntuosa da qual participavam nas peregrinações. O autor de Hebreus, para sustentar a comunidade na fé, dirige-lhe uma "palavra de exortação" (cf. Hb 13,22), uma homilia, convidando o povo a voltar-se para Cristo, o sumo sacerdote (cf. Hb 8,1). Para atingir seu escopo, lança mão de um vocabulário ritual para explicar a existência profana de Jesus, que foi sacerdotal não em sentido ritual, mas histórico e existencial (TABORDA, 2011, p. 37-39).

A vida histórica de Jesus, sua morte e ressurreição, realizam o que buscava o antigo sacerdócio. O autor de Hebreus apresenta a história concreta de Jesus como realização daquilo que o sacerdócio pretendia. No caso de Jesus, sacerdote e vítima são a mesma pessoa, que se oferece num ato histórico, e não ritual a Deus, derrubando a separação entre sagrado e profano. Jesus não se separa dos demais como a casta sacerdotal; ao contrário, faz-se semelhante aos que sofrem (cf. Hb 2,17-18), solidarizando-se com eles na obediência ao Pai (cf. Hb 7,25; 10,5-7) e se tornando semelhante em tudo aos seres humanos, menos no pecado (cf. Hb 4,15). O culto de Jesus a Deus se realiza fora do templo, da Cidade Santa, no âmbito do profano em que se deu a sua crucificação. O culto histórico, em Hebreus, suplanta o culto sagrado, realizado no templo. O sacrifício de Jesus reconcilia os seres humanos com Deus, de forma definitiva e irreiterável (cf. Hb 9,12); afinal, Ele se ofereceu a si mesmo ao Pai (cf. Hb 9,14.25). Sendo Ele homem Filho de Deus, elimina a distância entre Deus e os homens de uma vez para sempre. Em Jesus todos têm acesso ao Pai e seu sacrifício põe fim à necessidade de qualquer outro sacrifício. Em Cristo, o antigo sacerdócio chega a seu fim, porque Ele é a plena realização do que buscava o sacerdócio (TABORDA, 2011, p. 40-44). Em Cristo se revogam as separações. Cristo não necessitou de uma vítima para oferecer a Deus, mas Ele mesmo se entregou ao Pai (cf. Hb 7,27; 9,14.25). Enquanto os sacerdotes imolavam animais, Ele ofereceu a própria obediência até à morte (cf. Hb 10,5-10). Ele não buscou cerimônias e ritos suntuosos, mas viveu sua vida como culto ao Pai, eliminando a separação entre sacerdote e vítima, entre culto e existência. O sacrifício de Jesus em obediência a Deus reconcilia a humanidade com Deus. Supera-se, assim, a distância entre a vítima e Deus e, ao mesmo tempo, entre sacerdote e povo, porque seu sacrifício se realiza na total solidariedade com os seres humanos pecadores (VANHOYE, 1975, p. 196-197).

Jesus Cristo se torna, assim, o único e definitivo mediador entre Deus e os seres humanos. O que Pedro declara no Sinédrio, "não há, debaixo do céu, outro nome dado aos homens pelo qual devamos ser salvos" (At 4,11-12), transforma-se na convicção da Igreja nascente: "Há um só Deus, e um só mediador entre Deus e os homens, um homem, Cristo Jesus, que se deu em resgate por todos" (1Tm 2,5). Segundo Paulo, Deus reconciliou consigo os homens por meio de Cristo (cf. 2Cor 5,19). Portanto, não há mais necessidade de sacerdotes intermediários entre Deus e os homens, pois Jesus Cristo se tornou o único mediador. Toda sua vida foi sacerdotal, ou seja, oferta de si ao Pai por nós (cf. Hb 9,11ss.; Ef 5,2; Fl 2,8). O sacerdócio de Cristo põe fim a todas as concepções religiosas tradicionais de sacerdócio. Depois de Jesus não haverá mais sacerdote independente dele, mas o sacerdócio só poderá ser representação sacramental do seu sacerdócio e a ação para que o seu sacerdócio se exerça e seja eficaz (GRESHAKE, 2010, p. 90).

A figura do Servo de YHWH (cf. Is 53,10ss.), cuja atuação se centra no serviço e na entrega da própria vida pelos outros, ilumina a práxis de Jesus. A renúncia do Servo ao exercício do poder-dominação se revela a única forma de evidenciar a coletividade do poder, ou seja, também os desprezados devem exercer o poder a fim de que todos vivam com dignidade, sustentados na confiança em Deus, único que possibilita o correto exercício do poder. Jesus, *pró-existente* por excelência, não busca sua própria glória e vantagem. Vive sua existência para os outros, centrando suas ações nas necessidades dos mais abandonados e marginalizados da religião e do Império. O Reino de Deus resume o conteúdo da sua pregação: paz, justiça, amor, fraternidade, o que supõe igualdade fundamental entre todos. Por sua atuação em vista da instauração do Reino de Deus, Jesus devolve poder aos que ficavam à margem do poder religioso e político, recuperando sua dignidade. O único sentido do poder, segundo a lógica de Jesus, se encontra na busca da realização do ser humano. Condenado pelos detentores do poder religioso (casta sacerdotal) como blasfemo e pelos romanos (Herodes e Pilatos) por subversão, Ele se despoja de sua vida e, no ápice de sua *kénosis*, recebe todo o poder do Pai (cf. Mt 28,18; Fl 2,7.9), que, pela ressurreição, confirma a vida e a práxis de Jesus (TABORDA, 2011, p. 46-52).

A práxis de Jesus se compreende também pela ação do Espírito Santo nele, desde seu nascimento até o final de sua vida. O Novo Testamento atesta a presença do Espírito em Jesus (cf. Mt 1,18.20; Mt 3,13-17; Mc 1,9-11; Lc 1,35; Lc 3,21-22). Maria se encontra grávida "pelo Espírito Santo" (Mt 1,18). João Batista testemunha que Jesus é o eleito de Deus porque o Espírito desce e permanece nele (cf. Jo 1,32). O messianismo de Jesus se manifesta quando sobre Ele desce o Espírito Santo no Jordão, depois do qual Ele se apresentará como o ungido de Deus, apropriando-se das palavras de Is 61,1: "O Espírito do Senhor está sobre mim, porque Ele me consagrou pela unção" (Lc 4,18). E, do batismo em diante, Jesus exercerá suas atividades movido pelo Espírito Santo (cf. At 10,38) e será sempre o "cheio do

Espírito Santo" (Lc 4,1). Tendo recebido o Espírito Santo, Jesus começa sua vida pública como Messias sob seu impulso, realizando a obra do Reino a Ele confiada pelo Pai. Ele agirá movido e sustentado pelo Espírito (cf. Mt 12,28). Na cruz, se entregará ao Pai em virtude de um Espírito Eterno (cf. Hb 9,14) e será ressuscitado na força desse mesmo Espírito que o constituirá, na ressurreição, Filho de Deus com poder (cf. Rm 1,4). Os tempos messiânicos se aproximam com a efusão do Espírito Santo pelo Senhor ressuscitado (cf. At 1,16ss.).

Jesus, servo de YHWH, que nos salva em sua humanidade, torna-se o mediador do dom do Espírito, mas Ele deve voltar ao Pai, viver no seio do Pai, a fonte do Espírito, para que possa enviar o Espírito. "No entanto, eu vos digo a verdade, é de vosso interesse que eu parta, pois, se não for, o Paráclito não virá a vós. Mas se for, enviá-lo-ei a vós" (Jo 16,7). No Evangelho de João, Jesus é o depositário do Espírito (cf. Jo 1,32-34); tendo voltado à sua glória, envia de junto do Pai o Espírito. Quando sua humanidade foi glorificada, Ele se tornou a salvação dos homens; porém, para que a salvação chegasse a todos, Ele precisava enviar o Espírito. O fruto da ressurreição consiste exatamente na efusão do Espírito (cf. Jo 20,19-23). Não se compreende, assim, o Espírito sem Jesus; Ele é "o Espírito de Jesus", "o Espírito do Filho", "o Espírito de Cristo", "o Espírito do Senhor" (cf. Fl 1,19; Gl 4,6; Rm 8,9; 2Cor 3,17). Procede do Pai e do Filho, como diz o Credo Niceno. O dom do Espírito Santo no Novo Testamento se destina à consumação da obra salvífica de Jesus, ao perdão e à misericórdia. Sua ação no mundo conduz à plena verdade de Jesus, ajudando-nos a esclarecê-la para nossos dias; por isso, Ele é Senhor que dá a vida, porque nos comunica a própria vida do Senhor Jesus, a vida divina, única verdadeira e que nos salva. O pecado contra o Espírito Santo se compreende, assim, como total fechamento ao amor e ao perdão que nos vêm pelo Espírito Santo (CARRARA, 2014, p. 77-123).

A novidade da vida cristã se encontra na participação na morte e ressurreição de Jesus, que torna o ser humano filho de Deus. Embora a salvação signifique também o perdão dos pecados, é mais do que isso, porque inclui o mergulho no próprio mistério da Trindade através de Cristo e do Espírito. Deus é o Pai de Jesus por geração e, também por geração, torna-se Pai dos fiéis. O Pai gera Cristo nos fiéis pelo Espírito e eles se tornam seus filhos, filhos no Filho. Jesus, enquanto primogênito, foi gerado primeiro para se tornar irmão de muitos (cf. Rm 8,29). Quem foi batizado no Cristo se revestiu de Cristo (cf. Gl 3,26). O fiel, pelo batismo, se reveste da imagem do homem novo, que, por sua vez, é a imagem do próprio Criador (cf. Cl 3,9-10). Para o Evangelista João, a ação do Espírito se revela criadora; o cristão transforma-se em filho mediante um novo nascimento. "Ele nasce da água e do Espírito" (Jo 3,5). O Espírito é a graça de Deus em nós e o conteúdo dessa graça é Jesus Cristo, o Filho de Deus. O Espírito nos torna filhos e filhas de Deus ao nos configurar ao Filho (CARRARA, 2014, p. 252-272).

Jesus se tornou o único mediador entre os seres humanos por sua entrega ao Pai por todos. O Pai acolhe a oferta do Filho, ressuscitando-o no poder do Espírito e confirmando o Reino que Ele anunciou. Tudo foi submetido a Cristo (cf. Ef 1,22; 1Cor 15,24-28) e a salvação que nele se efetiva se destina a todos os homens, sem exceção (cf. Mt 28,19; Mc 16,15-16). Sua ação salvífica abraça o universo inteiro. Ele é, de fato, o único caminho para Deus. Quando sua oferta é aceita pelo Pai na cruz, o Pai está agindo não somente em favor de seu Filho, mas da humanidade. O Reino que Jesus havia anunciado tornou-se definitivo por sua ressurreição.

A vida do ser humano tem sentido na medida em que realiza na história o que aconteceu na ressurreição de Jesus. Ao antecipar para a história a vitória de Jesus sobre a morte, a injustiça e o pecado, Deus inaugurou a última etapa da história da salvação. A ação de Deus em Jesus se universaliza no Espírito, porque a salvação que nos trouxe o Crucificado e Ressuscitado atua no mundo através do Espírito, que age na Igreja e para além dela. A história caminha na direção da manifestação total e cósmica da ressurreição. A ação de Deus no seu Filho, presente no Espírito, introduz o mundo em uma nova realidade, na experiência atual da Páscoa, porque o Espírito é quem produz hoje os frutos da ressurreição. A salvação depende, também, do Espírito Santo. Cristo é a salvação, mas essa se estende pela história através do Espírito, dom fundamental do Ressuscitado. Nessa perspectiva, os seres humanos não precisam mais de sacerdotes que ofereçam sacrifícios. O sacrifício de Jesus pôs fim a todos os sacrifícios antigos e tornou o ser humano imediato a Deus pelo dom do Espírito Santo.

1.3 Os ministérios na Igreja

O exercício do poder na Igreja se compreende à luz da práxis de Jesus que atua pelo Espírito; ela não imita o mundo na forma de se organizar, porque vive na força do Espírito do Ressuscitado. Enquanto instituição social, exercerá o poder levando em consideração sua origem divina, garantida pela presença nela do Espírito enviado por Jesus e o Pai. A práxis do Servo, assumida por Jesus, ilumina os cristãos, para que exerçam o poder como serviço aos demais. Esse poder coletivo se enraíza na sacerdotalidade comum. A Igreja se caracteriza como povo sacerdotal e tem um *sacerdócio régio* (cf. 1Pd 2,9). "Ele fez de nós uma realeza de sacerdotes para Deus" (Ap 1,5), o que evidencia a eleição de Deus, com prerrogativas da Antiga Aliança (cf. Ex 19,6). O mais importante não são, no entanto, os atos rituais do povo sacerdotal, mas a proclamação do amor manifestado na própria eleição de Deus (cf. 1Pd 2,9-10) e que se traduz na solidariedade desinteressada, como sacerdócio existencial que se concretiza na fraternidade vivida (TABORDA, 2011, p. 53-61), pois a fraternidade vem antes dos ministérios.

O povo sacerdotal oferece ao Pai seu sacrifício de louvor, bendizendo o nome de Deus (cf. Hb 13,15), mas seu sacerdócio engloba toda a vida. "Exorto-vos, irmãos, a que ofereçais vossos corpos como sacrifício vivo, santo e agradável a Deus: esse é o vosso culto espiritual" (Rm 12,1). Culto cujo epicentro se encontra no amor desinteressado aos seres humanos e a Deus. Eis aqui a atitude sacerdotal por excelência. O Vaticano II afirma que todos participam do sacerdócio santo e régio de Cristo para oferecerem a Deus, por meio de Cristo, sacrifícios espirituais (PO 2). O povo de Deus participa das funções de Cristo Sacerdote, Profeta e Rei para realizar no mundo a obra da salvação (LG 31).

O Novo Testamento apresenta a pluralidade de ministérios na Igreja nascente. Impossível seria apresentar em poucas linhas cada ministério e definir precisamente sua finalidade na Igreja. Esse seria o trabalho de um especialista. Em grandes linhas, no entanto, os ministérios básicos, segundo 1Cor 12,28, são os de apóstolos, profetas e doutores. Na comunidade de Tessalônica há indícios de instituição ministerial (cf. 1Ts 5,12). A comunidade de Corinto apresenta uma multiplicidade de carismas (cf. 1Cor 12,4ss.), mas nem todos são apóstolos. A comunidade de Filipos testemunha a existência de epíscopos e diáconos (cf. Fl 1,1). Os Atos dos Apóstolos apresentam a organização da Igreja de Jerusalém em torno dos apóstolos, tendo à frente Pedro. At 6,1-7 narram a primeira divisão de ministérios. As epístolas pastorais falam de diáconos (cf. 1Tm 3,8-13); presbíteros (1Tm 4,14); epíscopos (1Tm 3,2), mas suas funções não são claramente definidas. Colossenses apresenta o ministério de diácono (cf. Cl 1,7), sem explicar em que consiste. A comunidade dos Efésios acrescenta evangelistas e pastores à tríade paulina (cf. Ef 4,11-12). Os outros escritos do Novo Testamento também refletem a diversidade de ministérios nas primeiras comunidades, embora seja sempre difícil delimitar suas funções específicas. Entre os vários ministérios, o Novo Testamento evidencia o da presidência e da unidade (TABORDA, 2011, p. 75-106).

Os ministérios surgem na Igreja por inspiração do Espírito Santo, que os suscita em vista dos serviços necessários à pregação e vivência do Evangelho. Segundo Paulo, o Espírito Santo suscita os guardiães (cf. At 20,28) para que cuidem da comunidade na qual realizam sua missão, a *ekklêsia*, assembleia de Deus. A organização dos ministérios eclesiais nasce da ação do Espírito Santo. Os ministérios na Igreja atuam sempre em nome de Cristo (cf. Mt 10,40). "No Espírito Santo, a Igreja é um sistema estruturado. Ela é um corpo (cf. 1Cor 12,12-31; Ef 4,15s.; Cl 2,19) e um edifício no Espírito Santo (cf. Ef 2,21s.; 1Pd 2,5; 1Cor 3,9)" (KASPER, 2008, p. 57). Os carismas são essenciais à vida da Igreja. E além dos carismas oficiais há os carismas livres e espontâneos, cuja existência enriquece enormemente a vida eclesial. "Que teria sido da Igreja sem Antônio e Bento, Francisco de Assis e Catarina de Sena, Teresa de Ávila e a multidão quase incomensurável daqueles que receberam uma missão carismática na Igreja sem pertencer ao ministério hierárquico?" (RAHNER, 2011, p. 40).

O serviço dos guardiães pertence à dimensão eclesial e carismática da Igreja povo de Deus. O ministério presbiteral se refere sempre à estrutura da Igreja local. Ele preside a construção dessa Igreja, pondo-se a serviço do *Espírito, do Evangelho e da Eucaristia*. Também possui a função de ser vínculo entre as várias Igrejas locais, sinalizando a comunhão entre elas. Numa comunidade de iguais, na qual todos celebram a Eucaristia, há, no entanto, diversidade de carismas (cf. 1Cor 12). Na multiplicidade de carismas, o Espírito suscita o da presidência (cf. 1Cor 12,28), cuja função específica se encontra no cuidado com os outros carismas em vista da construção da unidade da Igreja.

A ordenação, através do sinal sacramental da imposição das mãos e da prece de ordenação, confere um carisma (cf. 2Tm 1,6), cuja função específica é reger a Igreja local, sustentando-a na comunhão que se fundamenta na unidade do Pai, do Filho e do Espírito Santo (LG 4). "Os presbíteros reúnem, em nome do bispo, a família de Deus, como fraternidade animada por um só objetivo, e levam-na por Cristo no Espírito a Deus Pai" (PO 6). Enquanto ministro da unidade e responsável pela direção da comunidade, ele preside a Eucaristia, sacramento que visibiliza a essência da Igreja.

O ministro está *na comunidade*, ou seja, é um irmão entre os irmãos, tem o sacerdócio comum dos fiéis, mas, por seu ministério, está também *diante da comunidade*. Seu ministério nasce na comunidade e ele representa a Igreja. "Ele não é representante sagrado de Deus, fortalecido com poderes celestes dos quais é investido para vir, da parte de Deus, pôr-se diante de um povo de pecadores; ele é detentor de uma função necessária no meio de um povo santificado por Deus" (RAHNER, 2011, p. 342). O Espírito o torna representante de Cristo como guia da comunidade, o que, tradicionalmente, a teologia expressou afirmando que ele age *in persona Christi*. No entanto, o *in persona Christi* não se compreende sem o *in persona Eclesiae*, uma vez que o presbítero exerce seu ministério inserido na fé e comunhão da Igreja, povo santificado por Deus. A Igreja não se caracteriza como um fã clube de Jesus, é convocada por Cristo, que congrega os batizados através do Espírito; nela o ministro tem a função de representar Cristo-cabeça, chefe e esposo da Igreja (TABORDA, 2011, p. 139-162)[1]. Distanciamo-nos, assim, de uma visão da Igreja como "sociedade perfeita". O Vaticano II prefere falar

---

1. O que aqui se diz está numa recensão feita para a *Revista REB* do livro *A Igreja e seus ministros – Uma teologia do ministério ordenado*, de Francisco Taborda, uma das referências mais importantes para nosso texto (CARRARA, 2012).

da Igreja como "povo de Deus", mistério de comunhão, e dos carismas que a sustentam, deixando para trás o conceito mais piramidal de Igreja.

Pela unção batismal, todos participam do mistério pascal de Cristo, portanto do seu sacerdócio existencial e histórico, partilhando, assim, suas funções profética, sacerdotal e real. Pela profecia, recebem missão de testemunhar Cristo e anunciar a Palavra da salvação. Pela função sacerdotal, todos prestam ao Pai "culto espiritual" (Rm 12,1). A liturgia, mormente a Eucaristia, visibiliza o culto espiritual, uma vez que toda a comunidade oferece o sacrifício de Cristo, aprendendo com Ele a se oferecer ao Pai pelos irmãos. Pela função real, os cristãos são convidados a reinarem no mundo, promovendo a justiça, a fraternidade, a paz e a liberdade para o louvor de Deus e a construção do Reino que se desenvolve na história. Há, no entanto, duas participações possíveis no único sacerdócio de Cristo, uma existencial e outra ministerial. Os bispos e os presbíteros participam existencial e ministerialmente do sacerdócio de Cristo. Seu ministério, no entanto, existe em função do sacerdócio existencial para possibilitar o acesso a Deus (SESBOÜÉ, 1998, p. 80-81).

O Sacramento da Ordem deriva do envio dos apóstolos. Jesus, enviado do Pai, envia-os não como delegados, mas como seus representantes (cf. Jo 20,21). Por meio dos apóstolos, o mistério salvífico do Pai que se manifestou historicamente em Cristo se difunde entre os povos (cf. Ef 3,2-6.9). O testemunho dos apóstolos pertence ao próprio evento da revelação e é o fundamento da vida da Igreja (KASPER, 2008, p. 40). O Concílio Vaticano II apresenta o episcopado como ministério fundamental da Igreja e plenitude do Sacramento da Ordem. O bispo mantém a unidade da fé na fidelidade ao testemunho apostólico. Garante, pois, a identidade apostólica da Igreja num território determinado, a diocese, na qual se faz presente a Igreja universal. Ao presidir uma Igreja particular, o bispo é chamado a respeitar a multiplicidade dos dons e incentivar o surgimento de novos carismas. Representa, ainda, sua Igreja junto às outras Igrejas locais, mantendo a comunhão com toda a Igreja. O presbítero se define como membro do "senado do bispo" e o assiste na presidência da Igreja local, presidindo uma pequena parcela dessa Igreja, uma comunidade eucarística. O presbítero pertence ao presbitério, ou seja, a um colégio que ajuda o bispo em sua solicitude para com a Igreja local. Os presbíteros não são ministros isolados, distantes dos outros presbíteros e autônomos no exercício do seu ministério. Formam um colégio encarregado de auxiliar o bispo na solicitude por sua Igreja. Só o bispo ordena, mas todos impõem as mãos sobre a cabeça dos que serão instituídos presbíteros. O bispo nada faz sem o presbitério, nem o presbítero age sem comunhão com o bispo e fora do presbitério (TABORDA, 2011, p. 189-199).

Bispos e presbíteros são ministros do único mediador, sacerdotes do único sacerdote, a serviço do sacerdócio comum dos fiéis. O presbítero é coadjutor do bispo, cuja função sacerdotal se resume no anúncio da Palavra, na santificação pelos sacramentos e no governo pastoral da comunidade (LG 21). Aqueles que presidem a comunidade são aqueles que também presidem a Eucaristia (memorial do sacrifício de Cristo) e, por isso, são sacerdotes. Mas a função do sacerdócio ministerial não se restringe à presidência do culto eucarístico, uma vez que sua primeira tarefa é anunciar o Evangelho (LG 25).

Os presbíteros agem *in persona Christi capitis*, segundo a PO 2-3, que utiliza tanto o termo sacerdote quanto o termo presbítero, preferindo esse, no entanto, pois o utiliza 125 vezes contra 32 para o termo sacerdote. Já a PDV 15 preferirá o termo sacerdote. A PO não abandona ou exclui a categoria sacerdotal, mas busca compreendê-la à luz da riqueza ministerial apresentada no Novo Testamento e no quadro do ministério da Igreja e seus ministros (SESBOÜÉ, 1998, p. 87). O Vaticano II supera Trento, que definia o presbítero apenas na perspectiva do sacerdócio e sua relação com o sacrifício. Ele é aquele que celebra a Eucaristia e perdoa pecados, mas o ministério sacerdotal não se reduz à celebração dos sacramentos, a apostolicidade emerge como sua característica fundamental. Em primeiro lugar, está o anúncio do Evangelho, e não o culto. O presbítero não é mero "administrador" de sacramentos, não recebe a ordenação apenas para consagrar o pão e o vinho, sua missão primeira é evangelizar. O culto, mormente a Eucaristia, é um cume, onde sempre se chega e de onde sempre se desce para a missão evangelizadora (SESBOÜÉ, 1998, p. 89-94).

O sacerdote é "o anunciador do Evangelho em nome da Igreja e em virtude de sua missão. E ele o é na maneira suprema em que se realiza essa palavra, na celebração da Eucaristia, anamnese da morte e ressurreição de Jesus Cristo" (RAHNER, 2011, p. 332). Paulo, inclusive, compreende sua atividade apostólica como *sacrifício-liturgia* oferecido para a salvação do mundo (cf. 1Cor 9,13; Rm 12,1; 6,9; Fl 2,17; 2Tm 4,6). A pregação do Evangelho substitui o sacrifício do Antigo Testamento. O apostolado inclui o serviço sacerdotal. A entrega de Jesus ao Pai pelo mundo chega aos seres humanos pela Palavra. Nesse sentido, o ministério apostólico também é sacerdotal. Os apóstolos testemunham a entrega de Cristo, cujo ápice é o mistério pascal: Jesus, morto e ressuscitado para a salvação do mundo (GRESHAKE, 2010, p. 426). A terminologia sacerdotal entrou cedo para a Igreja, embora não seja utilizada para designar os ministérios no Novo Testamento. Quando Paulo a utiliza, está, na verdade, interpretando seu serviço evangelizador como função sacerdotal (cf. Rm 15,16).

Taborda (2011, p. 67-70) enumera as razões pelas quais o vocabulário sacerdotal foi adotado para o ministério ordenado, tornando-se, desde então, usual na Igreja, sendo acentuado no segundo milênio, quando a missão do presbítero ficou bastante restrita ao culto e ao "poder de ordem" que o tornava capaz de consagrar o pão e o vinho. Perspectiva diferente daquela do primeiro milênio em que o presbítero é ordenado para presidir a vida da comunidade e suas celebrações (TABORDA, 2011, p. 107-133). Segundo o Novo Testamento, Jesus, em sua vida e caminho histórico, é o que caracteriza o verdadeiramente sacerdotal. Quanto aos ministros, são servidores que se distanciavam muito da antiga compreensão judaica de sacerdotes. Jesus chama os apóstolos para que anunciem o Evangelho (cf. Mt 4,19; Mc 4,14, Mt 28,19-20; Jo 17,17-19). A tarefa sacerdotal é, portanto, testemunhar Jesus Cristo a todos os homens e mulheres. E quando institui a Eucaristia, Jesus não diz: "consagrai o pão e o vinho", mas "fazei isso em minha memória" (cf. Lc 22,19). A Eucaristia foi instituída como sacramento da salvação que os apóstolos testemunham com a vida, a pregação e o serviço à Igreja. Ela pertence, como seu centro, à evangelização.

2

QUAL É A ESPIRITUALIDADE DO PRESBÍTERO?
Cuidai de vós mesmos (At 20,28)

*Não, não pares! É graça divina
começar bem.
Graça maior é persistir na caminhada
certa, manter o ritmo...
Mas a graça das graças é não desistir.
Podendo ou não, caindo, embora aos
pedaços, chegar até o fim (Dom Helder).*

2.1 O sofrimento psíquico do presbítero ou a *Síndrome de Burnout*

O trabalho dos presbíteros na Igreja está marcado pelo serviço ao povo de Deus e à Igreja. São muitos os testemunhos de dedicação sincera ao Evangelho de Jesus Cristo. E hoje ainda são igualmente numerosos os presbíteros que, imbuídos do verdadeiro sentido do seu ministério, dedicam-se à construção do Reino de Deus, no compromisso sincero com as pessoas, sobretudo com as mais abandonadas. Se, por um lado, o clericalismo está sendo criticado e apontado como uma das causas da crise por que passa a Igreja, por outro a própria Igreja reconhece o trabalho abnegado de tantos presbíteros espalhados pelo mundo. O nosso país conta com o testemunho de tantos presbíteros que vivem seu ministério de maneira espiritual e humanamente rica. Mas a vida presbiteral pode atravessar crises, o que não quer dizer que seja a regra para todos. Por outro lado, um bom número de presbíteros dá sinais de cansaço e frustração, o que desencadeia a *Síndrome de Burnout*. Antes de propor alguns elementos essenciais da espiritualidade presbiteral, parece importante apresentar aspectos da crise atual do ministério, sem pretensão de definir todas as suas causas e oferecer soluções fáceis. Mas seria falta de realismo abordar o tema da espiritualidade sacerdotal sem falar das crises que atingem a vida real do presbítero.

Muito se escreve hoje sobre as crises do ministério presbiteral. Várias análises são possíveis, dependendo da perspectiva adotada pelo pesquisador e, sobre isso, há material abundante. William C. Castilho Pereira, psicanalista e analista institucional, concentra sua rica abordagem do sofrimento do presbítero na *Síndrome de Burnout*. O termo *burnout* designa, em inglês, uma chama que se extingue por completo. Ela define um distúrbio psíquico ligado ao exercício da profissão que extrai as forças, o envolvimento pessoal e a satisfação, gerando intenso esgotamento físico e mental. Seus sintomas são vários: tristeza, vazio interior, despersonalização, alterações de comportamento, depressão, esgotamento, estresse, insatisfação, repressão de conflitos internos etc. Embora haja abordagens teóricas diferentes sobre a síndrome, os autores são unânimes quanto aos seus traços característicos e suas consequências negativas na vida pessoal e profissional.

Nos presbíteros, William define a *Síndrome de Burnout* como *Síndrome do Bom samaritano Desiludido por Compaixão* (PEREIRA, 2011, p. 68). Em suas pesquisas, o psicanalista constata que os presbíteros relatam os mesmos sintomas da síndrome descritos por profissionais de outras áreas: cansaço, tristeza, desilusão, esgotamento, perda de motivação para o trabalho, despersonalização, mudanças de humor e comportamento, depressão, frustração, vazio existencial etc. Concretamente, os presbíteros reclamam de uma sobrecarga de trabalho, muitas vezes burocrático e repetitivo, com pouco retorno afetivo.

Apresentam frustrações graves no contato com os paroquianos e insucessos pastorais. Há, ainda, dificuldades de convivência entre os próprios presbíteros, marcadas por rivalidades explícitas ou camufladas, busca de prestígio e de paróquias mais rendosas. Muitos relatam perda da busca da intimidade com Deus na oração, com queda no nível da espiritualidade e despersonalização. Por outro lado, o estilo paroquial tradicional atravessa uma crise, causada pela emergência de um modelo midiático de evangelização, que diminui o sentido de pertença a uma paróquia territorial, confundindo os paroquianos. A pluralidade de movimentos, espiritualidades, estilos eclesiológicos e modos de anunciar o Evangelho gera a sensação de certa falta de rumo.

A multiplicidade atual de referências de sentido faz o presbítero se questionar sobre sua identidade presbiteral, marcada por perda de *status* e privilégios numa sociedade mais secularizada, plural e socialmente menos cristã. Tudo isso provoca baixa autoestima e enfraquecimento do sentimento de pertença ao presbitério. Há os que enfrentam sérias dificuldades para suportar a solidão, a qual se acrescentam os problemas de ordem afetiva e emocional, de manejo nem sempre fácil do ponto de vista psíquico-espiritual. Na origem da síndrome se encontram as mudanças socioculturais e históricas na vida da Igreja e na sua organização hierárquica. De fato, a Igreja ressente ainda hoje a mudança de paradigma de uma sociedade pré-moderna (cristandade) para uma sociedade pós-moderna, pós-cristã (secularização) e plural. A passagem da unidade forte, centralizadora e rígida para a fragmentação, o diálogo e a democracia fizeram emergir desafios de difícil solução. A *Síndrome do Bom Samaritano Desiludido por Compaixão* emerge como consequência das profundas mudanças de paradigma na filosofia, nas ciências humanas e na cultura, com as quais a instituição nem sempre lida de modo satisfatório (PEREIRA, 2011, p. 67-137)[2].

---

2. Esses parágrafos são parte da recensão que está na *Revista REB* (CARRARA, 2012).

A *Síndrome do Bom Samaritano Desiludido* evidencia, ainda, que o caminho de fé se revela exigente também para o presbítero, cuja vida pode estar marcada pelo pecado, pela culpa, bem como pela tentação da inércia e da mediocridade que ameaçam desviá-lo de seu ideal, fazendo-o cair no vazio ou até mesmo em desvios. *Abyssus abyssum invocat* (um abismo atrai outro abismo), afirma o salmista (cf. Sl 42,8). O presbítero enfrenta, às vezes, o "o abissal da própria vida, a experiência da *noite escura de Deus*, das ansiedades e feridas internas e de profundas tristezas, mas também a compensação de tudo isso mediante satisfações substitutivas de toda índole" (GRESHAKE, 2010, p. 418). Greshake enumera desilusões possíveis na vida do presbítero: decepções com respeito ao entusiasmo original, que vai decrescendo; com os limites das próprias forças; com a vulnerabilidade e a falta de êxito no apostolado. Decepções com a comunidade e o presbitério, nem sempre lugares de comunhão e familiaridade; com a falta de reconhecimento. Decepções com as lideranças da diocese, que parecem não se interessar pela situação subjetiva do presbítero e suas demandas pessoais, mas apenas por seu trabalho burocrático e respectivos resultados, o que gera atitude de constantes críticas e protestos.

Cada um deve se perguntar: O que vou fazer com essas decepções? Sem essa pergunta honesta, há o risco de o presbítero continuar se evadindo com adições e satisfações compensatórias. As decepções, no entanto, são também *des-engano*, ou seja, libertação de enganos e visões deturpadas da realidade, baseada em utopias, sonhos e ideais inconsistentes. Nesse caso, do ponto de vista da saúde psíquico-espiritual, parece mais prudente aceitar as decepções e as limitações, tirando proveito delas para crescer e amadurecer afetiva e espiritualmente. O salmista diz que "um abismo atrai outro abismo", porém termina com a confiança no Senhor: "Por que te curvas, ó minha alma, gemendo dentro de mim? Espera em Deus, eu ainda o louvarei, a salvação da minha face e meu Deus" (Sl 42,12) (GRESHAKE, 2010, p. 419).

2.2 Como lidar com a *Síndrome do Burnout*?

Segundo Greshake (2010, p. 420), há fundamentalmente três maneiras de lidar com as limitações e a *Síndrome de Burnout*. Fugir delas através da burocracia, das estruturas, das programações diárias com intervalos excessivos de férias e descanso. Enfrentá-las, lutando contra suas possíveis causas, revoltando-se sempre mais e batendo a cabeça contra a parede, o que acaba provocando desgaste pessoal, lamentações permanentes e autodestruição. A terceira forma de lidar com as decepções e limitações é aceitá-las, vivê-las, sofrê-las. Quando aceitas, surge a possibilidade de redefini-las, como São Paulo que, ao reconhecer sua impotência, no meio dos ultrajes, perseguições, incompreensões e angústias, exclamou: "Quando sou fraco, então é que sou forte" (2Cor 12.10). Experimentar a própria impotência e dizer "sim" a ela, suportar incompreensões e frustrações, às vezes até injustiças, pode se tornar caminho para o amadurecimento pessoal.

Muitos santos testemunham que seu crescimento na relação com Deus e com os outros veio através de provações, crises e desgostos. São João da Cruz, perseguido e injustiçado, aconselha: "Quanto tiveres algum aborrecimento e desgosto, lembra-te de Cristo crucificado e cala-te" (SÃO JOÃO DA CRUZ, 1993, p. 75). Santa Teresinha sofre verdadeira tortura interior e tentação de desespero. No auge da dilaceração, exclama: "Quando eu canto a alegria do céu, a eterna posse de Deus, não sinto nisso nenhuma alegria, eu canto simplesmente o que eu quero crer" (THERÈSE DE LISIEUX, 2001, p. 218). E Santa Teresa de Calcutá vai mais longe:

A escuridão é tal, que realmente não vejo *nada* – nem com a mente nem com a razão. O lugar de Deus na minha alma é um espaço vazio. Não há Deus em mim. Quando a dor da ânsia é tão grande, só anseio e anseio por Deus, e é então que sinto que Ele não me quer, que Ele não está ali (KOLODIEJCHUK, 2008, p. 217).

E a santa continua: "Tenho apenas a alegria de *nada* ter, nem sequer a realidade da presença de Deus. Nem oração, nem amor, nem fé, *nada* a não ser a dor contínua de ansiar por Deus" (KOLODIEJCHUK, 2008, p. 234). Não se trata de um sofrimento inútil, porque, através dele, Deus pode abrir uma brecha para nos curar mais profundamente. Cura que não restaura o objeto perdido, transformando nosso deserto num oásis, mas que modifica nosso olhar sobre o sentido da nossa vida, de nossas escolhas e relações. Nesse caso, a cura exige que assumamos nossas decepções, frustrações, pecados, limites, perdoando suas causas. Trata-se de um processo doloroso; porém, se vivido na fé e no abandono à misericórdia de Deus, nos fará descobrir seu verdadeiro rosto. Deus jamais se identifica com os meios que nós mesmos construímos. Ele não é uma caricatura, um fantoche ou mesmo um ídolo construído à imagem e semelhança dos nossos desejos e do nosso narcisismo, mas, por outro lado, em sua bondade, mostra-se capaz de escrever certo até mesmo pelas linhas tortas da nossa vida. O próprio Paulo se redefine a partir da experiência das fraquezas e limitações; por isso afirma, por experiência: "o que é loucura no mundo, Deus o escolheu para confundir os sábios; e o que é fraqueza no mundo, Deus o escolheu para confundir o que é forte" (1Cor 1,27).

Muitas pesquisas sobre a crise dos presbíteros apontam a perda da espiritualidade como uma de suas causas mais importantes. William Castilho propõe a espiritualidade como lugar privilegiado da unificação do exercício do ministério com as demandas subjetivas. A ausência do cultivo da espiritualidade desencadeia angústia, desilusão, tristeza e perda de motivação (PEREIRA, 2011, p. 152-174). Victor Frankl mostrou que, quando o ser humano experimenta a transcendência enquanto sentido último para a vida, a dimensão espiritual repercute positivamente na qualidade da sua vida psíquica. A dimensão espiritual do ser humano evidencia sua capacidade para ir além de si mesmo, de seu narcisismo e de suas possíveis neuroses para realizar uma tarefa que dá sentido à vida. O psiquiatra faz um liame entre o espiritual e o psicológico, cunhando o conceito de *inconsciente espiritual*, com o qual quer mostrar a presença do espiritual no próprio inconsciente, que não se reduz ao instintivo, ao id (FRANKL, 1977, p. 48). Para o psiquiatra (1997, p. 48), "sempre houve em nós uma tendência inconsciente em direção a Deus, sempre tivemos uma ligação intencional, embora inconsciente, com Deus". O ser humano está, portanto, numa relação implícita com o mistério absoluto que chamamos Deus, o que não quer dizer que Deus habite o inconsciente. Embora psicologia e teologia sejam áreas distintas, a espiritualidade, se vivida de maneira saudável, ajuda o ser humano em várias áreas da sua existência, gerando sentido de realização, mesmo no sofrimento, diante do qual o homem espiritual sabe se posicionar. Se a espiritualidade, de modo geral, se revela benéfica para o ser humano, o cultivo da espiritualidade pelos cristãos e pelos presbíteros se torna indispensável. Tal dimensão reclama revalorização, até porque, sobre a espiritualidade dos presbíteros, foi feita uma breve descrição surgida da observação de alguns fiéis. Essa "fotografia" não foi feita no Brasil, ainda assim soa pertinente:

> Não se sente que estejam animados por Deus, que tenham paixão por Deus, que anseiam por Deus. Querem que os outros cheguem à experiência de Deus e da fé, sem ter tido eles mesmos tal experiência. Carregam Deus em seus lábios e falam com ele

e sobre ele com excesso de palavras. Falam de Deus de maneira muito óbvia, de forma um tanto profissional... A palavra da vida, assim, se congelou, transformando-se em mera retórica, em rotina. [...]. O *eros* pelo Reino de Deus, o fogo do entusiasmo se extinguiu. Estão queimados (*Síndrome de Burnout*), com os sentimentos embotados, cheios de amargura, de resignação calada. [...]. Nos sermões pregam a Deus "Nosso Senhor", mas em sua existência pessoal as coisas parecem ser muitas vezes diferentes. As posturas-chave de sua vida estão determinadas inteiramente pelo rendimento e as cifras. O sossego, o recolhimento e a meditação não aparecem em sua lista de prioridades (SCHEUER, apud GRESHAKE, 2010, p. 423).

A exortação de Paulo aos presbíteros de Éfeso diz respeito à espiritualidade: "cuidai de vós mesmos" (At 20,28). Cuidado do que se é e do que se é chamado a ser: presbítero! Fora dessa perspectiva, o cuidado será apenas mais uma forma de autorreferencialidade. A espiritualidade é questão de cuidado de si e só a partir dela é possível ao presbítero manter o sentido mais profundo do seu ministério. Por outro lado, é sempre possível recomeçar, regressar às fontes originais do ministério e redescobrir que Jesus nos quer a seu serviço e nunca nos abandona. "Eu sou a videira e vós os ramos. Aquele que permanece em mim e eu nele produz muito fruto; porque, sem mim, nada podeis fazer" (Jo 15,5). "Eis que estou convosco todos os dias, até a consumação dos séculos" (Mt 28,20). Regressar é, portanto, sempre possível e Deus pode reavivar em nós o seu dom, como afirma Paulo a Timóteo: "Exorto-te a reavivar o dom espiritual que Deus depositou em ti pela imposição das minhas mãos. Pois Deus não nos deu um espírito de medo, mas um espírito de força, de amor e de sobriedade" (2Tm 1,6).

Especialistas confirmam o que a tradição da Igreja sempre ensinou: para que uma existência sacerdotal tenha êxito, duas condições são imprescindíveis: a) que não se abandone nunca a oração diária, pessoal, nem mesmo nos tempos de obscuridade, vazio e noite escura, quando a vida se torna um deserto e a oração exige grande esforço; b) que se tenha pelo menos uma pessoa com afinidade espiritual, seja um amigo ou um diretor espiritual, com quem se possa falar, francamente, sobre todas as dimensões da própria vida, inclusive sobre os próprios abismos, as tentações, possíveis desvios e condutas equivocadas (GRESHAKE, 2010, p. 426). Em caso de necessidade, um profissional da área da psicologia pode se tornar apoio indispensável no momento da crise. Encontrar alguém capaz de nos escutar, entender nossos abismos e nos ajudar a pôr ordem no caos de nossas decepções e limites é verdadeira graça de Deus. Sabemos, ainda, que uma vida saudável em termos de alimentação, a prática frequente de exercícios físicos e os momentos de descanso, além do cultivo da vida cultural e intelectual (cinema, teatro, boa música), alimentam a alma e as motivações existenciais.

2.3 O lugar da espiritualidade na vida cristã

O termo "espiritualidade" se refere, antes de tudo, à experiência do mistério de Deus, à vivência desse mistério em primeira pessoa, de modo consciente e interiorizado, subjetivado, em que a fé se torna fé cuidada, crescida, amadurecida (BOFF, 2017, p. 7-8). Do ponto de vista antropológico, a espiritualidade se concretiza em três dimensões: a interioridade, a transcendência e o caminho rumo aos outros. Seu aspecto essencial se encontra na interioridade. Santo Agostinho afirma ter encontrado dentro de si o que havia buscado fora. Com ele nasce o *princípio da interioridade* que atravessa a história da espiritualidade cristã. Em Santa Teresa, tal princípio desponta como o traço crucial da experiência de Deus: "a alma do justo é nada menos que um paraíso, onde o Senhor, como ele mesmo diz, acha suas delícias". Para Teresa, *alma* significa a pessoa na sua dimensão interior aberta à transcendência. "Basta sua Majestade afirmar que a fez à sua imagem, para termos uma longínqua ideia da grande dignidade e beleza da alma". Diante do déficit de cultivo da interioridade já na sua época, constata: "nem sabemos quem somos". E acrescenta: "as riquezas que há nesta alma, seu grande valor, quem nela habita – eis o que raras vezes consideramos. O resultado é não fazermos caso de sua beleza, nem procurarmos com todo cuidado conservá-la". É dentro da pessoa, portanto, "onde se passam as coisas mais secretas entre Deus e a alma" (SANTA TERESA DE JESUS, 1981, p. 19-20). Interioridade nada tem a ver com o intimismo proposto por certas técnicas atuais de meditação. Trata-se de um princípio paradoxal: é preciso entrar em si mesmo para se abrir a Deus e aos irmãos.

No sentido cristão, espiritualidade significa "a vida sob a ação do Espírito" (cf. 1Cor 2,14-15)[3]. Paulo utiliza com frequência a expressão *ser em Cristo* (cf. 1Cor 1,2.30; Rm 8,1; Gl 3,28), o que se torna possível por graça do Espírito: "Enviou Deus aos nossos corações o Espírito do seu Filho" (Gl 4,6). O corpo é uma morada de Deus porque nele habita o Espírito Santo. "Não sabíeis que o vosso corpo é templo do Espírito Santo, que está em vós e que recebestes de Deus?" (1Cor 6,19). O cristão se torna espiritual porque leva uma vida segundo o Espírito, dom primordial do Ressuscitado (cf. Jo 20,22-23). De fato, a presença do Espírito caracteriza a espiritualidade alicerçada na própria identidade cristã. "Não se trata de impor uma espiritualidade, mas de viver a espiritualidade como consequência da própria identidade cristã" (GAMARRA, 2000, p. 38).

---

3. Alguns desses parágrafos se encontram num artigo publicado na *Revista Horizonte*, da PUC-Minas (CARRARA & DO CARMO, 2014).

A grande novidade da vida cristã se encontra na participação do cristão na morte e ressurreição de Jesus pelo batismo. Tal participação realiza o chamado intrínseco de viver como filho de Deus. O presbítero permanece membro do povo de Deus e vive seu ministério desde sua vocação cristã. Paulo é apóstolo, recebeu de Cristo esse ministério, mas Cristo vive nele desde que se tornou cristão (cf. Gl 2,20). O presbítero é membro do povo de Deus, é um cristão que vive seu ministério em Cristo desde o Espírito no serviço sacerdotal à sua comunidade. A espiritualidade presbiteral se enraíza na espiritualidade cristã, embora tenha características próprias. Não é possível ser presbítero sem que se seja primeiramente cristão.

Paulo define a nova realidade criada pelo batismo com o termo *adoção (hyiothesía)* (cf. Gl 4,5; Rm 8,15.23; 9,4; Ef 1,5). Para ele, a palavra adoção não se restringe ao seu sentido jurídico, como se a filiação divina fosse fruto de um contrato e não algo natural. Por obra do Espírito, os cristãos são realmente constituídos filhos de Deus (cf. Rm 8,14-17). Trata-se, antes, de uma filiação real, porque os homens e as mulheres em Cristo se tornam verdadeiros filhos e filhas de Deus. Em João, há também diversas expressões que traduzem a vida nova do cristão. Para o evangelista, a filiação é mais que adoção. O cristão se torna filho mediante um novo nascimento. O evangelista opõe duas realidades, uma do alto, verdadeira, e outra de baixo, sombria e passageira; o nascimento do alto revela-se o verdadeiro nascimento (cf. Jo 3,3). A Primeira Carta de João apresenta a filiação do cristão com profundo realismo: "Vede que manifestação de amor nos deu o Pai, sermos chamados filhos de Deus. E nós o somos!" (1Jo 3,1). Para João, os cristãos são os *nascidos de Deus* (cf. Jo 1,12-13; 3,1-11; 1Jo 2,29–3,10; 4,7; 5,1; 5,18). Para não deixar equívocos, o evangelista diferencia a filiação de Jesus, a quem chama de *hyiós*, da filiação dos fiéis, chamados de *tekna*.

Jesus é o Filho unigênito (cf. Jo 3,16.18; 1Jo 4,9), os fiéis nascem de Deus, em Cristo pelo Espírito (GAMARRA, 2000, p. 71).

Estes textos levam a uma conclusão óbvia: a comunhão com a Trindade caracteriza a fé cristã, mas não de forma teórica, e sim existencial. Ser cristão é cultivar a presença do Deus Uno e Trino no mais íntimo de si mesmo por meio do mergulho no mistério pascal. O Espírito Santo, por meio do batismo, esculpe as feições de Cristo no cristão. Cria, pois, uma comunhão que toca o nível ontológico. Configurado a Cristo, o cristão se torna filho do mesmo Pai de Jesus. A experiência vertical da paternidade de Deus repercute na horizontalidade da vida como fraternidade. Através da fraternidade, o cristão expressa Cristo que lhe foi impresso pelo batismo. A exortação paulina sobre a vida cristã segue esta lógica: *o Cristo impresso seja expresso*. A tarefa do cristão se resume na atuação do batismo. Ele é chamado a se tornar o que é com todas as fibras do seu ser. É pôr em prática o que se é e o que se crê. O que diz respeito a todo cristão, com mais intensidade, se refere ao presbítero, que se encontra numa especial relação com aquele que o envia, Jesus Cristo, confiando-lhe a missão de anunciar o Evangelho em seu nome, presidindo a comunidade cristã.

A dimensão prático-existencial da fé em Cristo emerge como o traço característico do cristianismo. Sem experiência, a própria teologia, enquanto estudo racional da fé (*fides quaerens intelectus*) se transforma em mero discurso hermenêutico-categorial sobre Deus. A partir dessa convicção, grandes teólogos do século XX acentuaram a dimensão espiritual da teologia. Balthasar (1964, p. 270), por exemplo, define a espiritualidade como *o aspecto subjetivo da dogmática*. Já para Ratzinger (2008, p. 48-49), a teologia "vive do paradoxo de que existe uma ligação entre fé e ciência". Enquanto supõe a fé, o ponto de partida da pesquisa teológica se encontra na experiência do próprio mistério que ela busca compreender e comunicar. O grande teólogo postula a estreita relação entre teologia e santidade, não por pietismo barato ou palavrório sentimental, mas por causa da lógica inerente à própria teologia que nasce da experiência de fé. A fé se encontra na origem da teologia, uma vez que a teologia constrói seu discurso crítico e sistemático guiada pela fé. Não há teologia sem espiritualidade. Por isso mesmo, "a racionalidade pura e simples não basta para dar origem a uma grande teologia cristã" (RATZINGER, 2008, p. 49-50). A conversão constitui, assim, a primeira exigência da pesquisa teológica. E, nesse sentido, a boa teologia é a que une a dimensão científica à dimensão experiencial. Se, por um lado, ela convence com seu *logos*, por outro precisa atrair com seu *pathos*. "Ela deve encher a cabeça de luz e o coração de calor [...]. Deus não é só para ser conhecido, mas também para ser amado e, finalmente, para ser servido" (BOFF, 2017, p. 187).

2.4 A oração na vida do presbítero

2.4.1 A oração de Cristo e do cristão

A oração constitui o núcleo da espiritualidade cristã, como aprendemos das Sagradas Escrituras e da tradição espiritual da Igreja. Os Evangelhos apresentam Jesus como um homem de oração frequente. Jesus ora sempre, especialmente nas circunstâncias mais importantes de sua vida. Lucas sugere que Jesus vivia em estado permanente de oração (cf. Lc 5,16). E o mostra orando nos momentos decisivos da sua vida: no batismo (cf. Lc 3,21), antes do chamado dos apóstolos (cf. Lc 6,12), antes da profissão de fé de Pedro (cf. Lc 9,18), na transfiguração (cf. Lc 9,28). Além disso, ele ora por Pedro, para que seja sustentado no momento da tentação (cf. Lc 22,32). Ora por si mesmo, na sua luta para permanecer fiel à vontade do Pai (cf. Lc 22,39-44); ora na cruz (cf. Lc 23,34) e na hora da morte (cf. Lc 23,46). A oração anima o cotidiano de Jesus. Às vezes, seu dia começa com a oração: "De madrugada, estando ainda escuro, Ele levantou-se e retirou-se para um lugar deserto e ali orava" (Mc 1,35). Jesus busca a solidão (cf. Mc 1,35; Mt 14,24; 23,26; Lc 5,16; 9,18); gosta de se retirar para o silêncio da montanha (cf. Mc 14,23; Mc 6,46; Lc 6,12; 9,28); aprecia a serenidade da noite (cf. Mc 1,35; Lc 6,12). E sua oração não se apresenta como um apêndice na sua vida, nem se reduz a um ato ritual, mas diz respeito a seu modo de ser e de se pôr em referência ao Pai. Ela abarca todo seu existir e ilumina seu atuar. Ele ora em silêncio e sua intimidade com o Pai permanece em segredo. Seu conteúdo emerge quase indiretamente, na sua maneira de falar de Deus e de anunciar o Reino, pois o importante não é o que Ele reza, mas a comunhão que Ele cultiva com Deus por meio da oração.

Na oração, Jesus encontra o sentido mais profundo da sua missão. Ele alimenta sua comunhão com o Pai que o envia. O Pai se revela, assim, o horizonte último da vida de Jesus e do anúncio do Reino. Sua missão, Ele a recebe do Pai e a realiza no poder do Espírito. Na oração Ele se apropria de sua missão. Na intimidade orante, deixa-se moldar pelo Pai, acolhe sua vontade e se entrega com todo o seu ser à missão que lhe fora confiada: anunciar a boa-nova do Reino de Deus. Também na oração emerge a identidade última de Jesus: sua filiação divina. Jesus chama Deus de Pai. Uma dessas orações se mostra singular, a que se encontra em Mc 14,36, quando Ele utiliza o termo aramaico *Abba* (Pai). "Abba, tudo é possível para ti: afasta de mim este cálice; porém não o que eu quero, mas o que tu queres". A palavra *Abba* expressa intimidade filial. Sem uma relação filial com o Pai, sua referência última, sua missão perderia o sentido. Na oração Jesus se entrega ao Pai, acolhe sua vontade para salvação da humanidade. Essa entrega se consumará na morte, na oferta total de si mesmo ao Pai no Espírito em solidariedade ilimitada com os seres humanos. Os cristãos podem dizer *Abba*, Pai, participando da oração de Jesus, graças ao Espírito de Cristo que neles habita, como atesta Paulo: "Com efeito, não recebestes um espírito de escravos, para recair no temor, mas recebestes um espírito de filhos adotivos, pelo qual clamamos: *Abba*, Pai!" (Rm 8,15). Em Gl 4,6, também graças ao Espírito, o cristão pode dizer *Abba*, Pai! (CARRARA, 2014).

A teologia vem depois da oração, pois essa estabelece a relação do cristão com Deus. Antes de falar de Deus, é preciso falar com Deus. A experiência de Deus evidenciada pela oração tem precedência sobre o discurso científico sobre a revelação de Deus. Afinal, ao se revelar, Deus comunicou o seu mistério em forma de diálogo com o ser humano. Segundo a doutrina da revelação, a oração situa-se no nível da resposta do ser humano a Deus. A *Dei Verbum* (DV 2), citando vários textos da Sagrada Escritura, afirma que a revelação de Deus nada mais é do que o dom que Ele faz de si mesmo ou sua autorrevelação, que faz o homem descobrir o sentido da sua vida e da sua história, à luz do plano salvífico de Deus. Ele se revela essencialmente amigo dos homens e com afabilidade entra em diálogo com eles. A própria história da salvação se fez através de palavras e de gestos que Deus dirigiu aos seres humanos, uma história de amizade, de diálogo permanente. A autocomunicação de Deus é não só palavra de Deus a ser aprofundada, mas convite ao homem a um diálogo permanente com Ele. A oração é acolhida, na fé e obediência, da revelação, ela instaura a relação com Deus; nela se acolhe o Deus que se revela e se dá (CASTELLANO, 1993, p. 68-69).

2.4.2 A oração na vida do presbítero

Santa Teresa define a oração como *trato de amizade*. "A meu ver, a oração não é outra coisa senão tratar intimamente com aquele que sabemos que nos ama, e estar muitas vezes conversando a sós com Ele" (SANTA TERESA, 2010, p. 59). *Trato* refere-se a toda forma de comunicação interpessoal, com especial insistência na sensibilidade, na proximidade e na familiaridade. Orar é pôr em ato – exercitar – o amor a Deus. O epicentro da oração se encontra na construção de uma relação de amizade. A oração teresiana se situa na revelação central do Novo Testamento: Deus é amor (1Jo 4,16). Orar, em última instância, é amar. Teresa propõe, ainda, que a oração parta do relacionamento de filiação. De fato, no batismo, o Espírito Santo nos configura a Cristo e nos faz filhos do mesmo Pai de Jesus. Filhos no Filho, fazemos nossa a oração de Jesus ao Pai. A oração cristã tem, portanto, uma dimensão trinitária, claramente afirmada por Teresa: "Por desbaratada que ande a vossa imaginação, forçosamente haveis de achar entre tal Pai e tal Filho o Espírito Santo" (SANTA TERESA, 1979, p. 159).

Santa Teresa supõe sempre a iniciativa de Deus, *por quem nos sabemos amados*. O orante entra num diálogo no qual Deus toma sempre a iniciativa. O próprio Criador supera o abismo que o separa da criatura ao escolher a pessoa humana para ser sua morada (SANTA TERESA, 2010, p. 59). A iniciativa de Deus exige que o ser humano se esforce para se entregar totalmente. É o seu próprio *ser* que está em jogo nessa relação. Por mais difícil que seja, o orante busca voltar-se para Deus não só com os lábios ou a mente, mas com todo seu *ser*.

A oração é "adesão espiritual à própria existência de graça e à própria vocação" (BERNARD, 2002, p. 393). A existência de graça se refere à filiação divina comum a todos os que pertencem ao povo de Deus. A vocação, por sua vez, tem a ver com o crescimento e santificação do orante no estado de vida recebido na Igreja por inspiração do Espírito. De fato, sem oração, não acontece a necessária adesão à própria vocação, ou seja, é na oração que o cristão se apropria de seu ser cristão, crescendo na comunhão com Cristo. Aderir é apropriar-se. Também será na oração que o presbítero se apropriará de seu ministério para viver uma vida coerente com a vocação recebida. Apropriação significa a passagem do *assenso racional* ao *assenso real*. O primeiro diz respeito à compreensão nocional do próprio ministério, aquele que obtemos pela leitura e estudo dos textos do magistério, dos livros de teologia. Por outro lado, o assenso real diz respeito à apropriação pessoal, ou seja, à adesão com todo nosso ser, à nossa identidade vocacional. Apropriar-se quer dizer que alguma coisa me pertence, me engaja pessoalmente. Mais uma vez fica claro que não basta conhecer uma verdade teórica e estar convencido de sua consistência. Não basta crer na verdade teológica do ministério presbiteral presente nos excelentes textos à nossa disposição, é preciso aderir a ela, torná-la nossa, personalizá-la. O Papa Francisco pede que "cultivemos a dimensão contemplativa mesmo no turbilhão dos compromissos mais urgentes e pesados. E quanto mais a missão vos chamar para ir para as periferias existenciais, tanto mais o vosso coração se mantenha unido ao de Cristo, cheio de misericórdia e amor" (FRANCISCO, 2014, p. 27-28).

A necessária apropriação do ministério, uma vez que somos históricos e limitados, torna-se um trabalho exigente, que dura toda a vida e se expressa no esforço para fazer coincidir nossa função (o ministério) com o nosso ser (o que somos). A apropriação se depara com vários obstáculos que encontramos no ambiente e em nós mesmos: hábitos, temperamento, motivações inconscientes etc. Somos também solicitados pelas redes sociais, o que dificulta o cultivo da interioridade. Apropriar-se do ministério depende de intensa relação orante com Deus, da intimidade cotidiana com Jesus, que chama seus apóstolos não de servos, mas de amigos: "Não vos chamo servos, mas amigos" (Jo 14,14-15).

A oração de Jesus permitiu-lhe apropriar-se de sua missão, que se resume na sua entrega ao Pai pelos seres humanos no anúncio do Reino de Deus; entrega que culmina em seu sacrifício na cruz. Sua oração foi, na verdade, antecipação dessa entrega, uma vez que viveu em íntima relação com o Pai para os outros. Sua oração foi sempre sacerdotal, ou seja, oferta de si mesmo ao Pai para que nele os seres humanos fossem reconciliados com Deus e pudessem viver segundo a lógica do Reino, do amor incondicional encarnado na misericórdia. O presbítero, em sua oração, apropria-se de seu ministério e oferece sua vida ao Pai, com Jesus, para a salvação da humanidade, a cujo serviço ele está, por vocação, em nome da Igreja, que o chamou para presidir a comunidade na representação sacramental de Cristo, ou seja, *in persona Christi*. Orar, para o presbítero, é também uma forma de exercer o seu ministério. Uma oração sempre a favor dos homens e mulheres, porque, por vocação, ele está a serviço da humanidade.

A oração na vida do presbítero decorre de sua própria ordenação quando assume a obrigação de rezar a liturgia das horas. Para que não seja rezada mecanicamente e apenas por obrigação, precisa se alicerçar na oração pessoal, momentos fortes em que se põe na presença de Deus enquanto cristão e enquanto presbítero, buscando aderir à graça da vida cristã e à graça do ministério recebido. A oração, no entanto, supõe superar a dispersão a qual estamos acostumados e se revela, às vezes, muito difícil e, além disso, os resultados nem sempre correspondem às nossas expectativas. O processo de interiorização exigido pela oração se defronta com as dispersões de nossa vida projetada sempre para o exterior, as obrigações imediatas, as relações, os apelos da publicidade, da internet. Carências, desejos e expectativas também tornam árduo o exercício da oração pessoal, o que nos faz desanimar e procurar fazer coisas que nos parecem "mais razoáveis". No entanto, nos adverte Santa Teresa: "Crede-me, não vos deixeis enganar quando vos indicarem outro caminho. Só há um caminho: o da oração" (SANTA TERESA, 1979, p. 138). Mas esse caminho nem sempre nos satisfaz; por isso nossa doutora insiste: "Importa muito, e acima de tudo, uma grande e firme determinação de não parar até chegar à fonte de água viva, venha o que vier, suceda o que suceder, custe o que custar, murmure quem murmurar" (SANTA TERESA, 1979, p. 138).

A tese segundo a qual o trabalho já é oração carrega ambiguidades uma vez que o trabalho se torna, às vezes, busca desenfreada de autoafirmação, de reconhecimento, de compensações afetivas e até mesmo materiais. Nesse caso, o presbítero, chamado a servir, serve-se das situações para se autopromover. Quando falta a sincera e humilde dedicação aos outros, a Deus Pai e a seu Reino, o apostolado deixa de ser momento de *comunhão com o Senhor* para se tornar *meio para conseguir algo*. No fundo, não é ao Senhor que se serve, mas a si mesmo. A oração emerge como critério para que o presbítero compreenda a si mesmo, sendo ela o lugar de apropriação e personalização do dom recebido. É nela que ele descobre o sentido profundo de sua vocação presbiteral e decide o que deseja ser: homem de Deus, a serviço do Reino em comunhão com Cristo, ou gestor espiritual. Sem a oração, a apostolado corre o risco de se tornar trabalho de um funcionário, porque o essencial fica esquecido: a relação de proximidade com Cristo, a escuta de sua Palavra, a unificação da própria vida ministerial em Cristo. Balthasar afirma com razão: "Aquele que não conhece o rosto de Deus na contemplação não o reconhecerá na ação, nem mesmo quando este se mostrar no rosto dos humilhados e sofredores" (BALTHASAR, 1991, p. 111).

Santo Afonso insistiu na oração e a apresentou como o grande meio da salvação. "Quer o Senhor conceder-nos a salvação e todas as graças para a salvação, mas quer que sejamos perseverantes na oração", afirma o Santo. Ele a descreve como a maior, a mais nobre e a mais fantástica aventura humana, porque nos faz entrar no mistério inabarcável de Deus, por mais frágeis, inseguros – e até pecadores – que sejamos. A oração nos dispõe a receber o que Deus quer nos dar, fazendo-nos entrar em comunhão com Ele e com sua vontade sobre nós, o que transforma nossa vida. Além do mais, ela é exercício de amor a Deus, o que põe em marcha a relação de amizade com Cristo. "A pessoa eleva a Deus os seus afetos, os seus desejos, os seus medos, os seus pedidos. E Deus fala-lhe ao coração, fazendo-a conhecer a sua bondade, o amor que sente por ela e o que a pessoa deve fazer para agradá-lo" (SANTO AFONSO, 2017).

Greshake (2010, p. 449) apresenta três aspectos do liame da oração do presbítero com a comunidade à qual ele serve, mostrando, assim, que ela não é fuga do apostolado, mas um de seus momentos intrínsecos. 1) Muitas pessoas com as quais o presbítero se relaciona experimentam a distância de Deus. Na oração, na qual emerge a obscuridade da fé, o presbítero se solidariza com aqueles para os quais a fé é algo difícil. A busca penosa de Deus na oração é, portanto, um modo de estar próximo de todos aqueles cuja relação com Deus é problemática ou às vezes nem existe. 2) A comunidade tem direito a um presbítero que seja "homem de Deus", alguém que se situa diante de Deus para escutar a sua palavra e penetrar os seus segredos; afinal, é a palavra de Deus que ele deve transmitir, não sua própria sabedoria (PO 4). "Do presbítero, os fiéis esperam somente uma coisa: que seja especialista na promoção do encontro com Deus. [...] Dele espera-se que seja perito em vida espiritual" (BENTO XVI, 2010, p. 31). 3) O presbítero, assim como os homens de Deus da Bíblia e como o próprio Jesus, comparece diante de Deus não somente em nome próprio, mas em nome de todos aqueles aos quais foi confiado no serviço sacerdotal. Jesus, eterno sacerdote, intercede por nós junto a Deus (cf. Rm 8,34). Ele "vive para sempre para interceder por nós" (Hb 7,25). Os presbíteros devem estar junto a Deus, orando incessantemente pela comunidade. É comum, inclusive, que as pessoas nos peçam: "Reza por mim". E quando dizemos que rezamos por uma pessoa, ela se sente imensamente feliz. O Papa Francisco termina quase sempre suas alocuções fazendo este pedido: "Rezem sempre por mim".

A oração é, por assim dizer, o único lugar onde o ser humano se encontra por inteiro em contato imediato com Deus, num movimento de entrega absoluta que parte da humildade do espírito ao se reconhecer dependente de outrem. O presbítero necessita dessa experiência, necessita de uma fé que reza. Para Rahner, "a fé do padre de hoje, é a fé do padre que reza – poderíamos mesmo dizer que é a fé do padre que se entrega à contemplação mística – ou então não é mais fé". Tal oração – que produz encontro com Deus – não pode ser luxo privativo reservado a pessoas privilegiadas, almas religiosas dedicadas à devoção, "ela deve jorrar, como o sumo de um fruto que esprememos da aspereza cruel gerada por nossa época superativa e atormentada". Para ser homem de fé e responsável pela transmissão da fé, a oração se torna indispensável. Essa é, inclusive, a condição para que o presbítero escape de um intelectualismo hipnotizado pelos problemas que ele costuma lançar com insistência sádica na face da Igreja, esquivando-se de assumir sua própria responsabilidade na busca de soluções. "Sejamos, portanto, homens que rezam, e aos quais a oração dá força para suportar as trevas da vida, mesmo que essa oração nos leve até à participação na angústia provada por Jesus no jardim da agonia, e à sua oração desolada naquela hora em que, na cruz, se sente abandonado pelo próprio Pai" (RAHNER, 2011, p. 85).

Dom Helder, pastor, místico, profeta da paz, da justiça e da fraternidade, soube unir a quase frenética atividade em prol da construção do Reino de Deus e amor aos mais pobres e abandonados com intensa vida espiritual e orante. A decisão de transformar a vida em oração nasce pouco antes de sua ordenação. A partir daquele momento, reservou parte da madrugada para a oração, a meditação e o discernimento de suas atividades. Permaneceu fiel às suas vigílias por toda a vida, acordando sempre às 2h da madrugada para uma "conversa de camaradas" com Deus (RAMPON, 2013, p. 305). Assim define as suas vigílias: "Conversa com o Pai em companhia de Cristo; ajuda fraterna à humanidade inteira; preparação excepcional para a Santa Missa! Vida em plenitude, em que o amor a Deus e o amor aos homens afogam o amor-próprio e arrastam-nos para o infinito..." (RAMPON, 2013, p. 306). Poderíamos dizer que Dom Helder, na sua experiência de oração, apropriou-se sempre mais de sua filiação divina e de sua missão de pastor e, como consequência, fez-se irmão de todos, sobretudo dos pobres, tornando-se profeta da paz e assumindo a fraternidade universal e a justiça como a grande utopia da sua vida, sinais visíveis do Reino de Deus. Segundo Dom José Maria Pires, "a preocupação com a ordem e o bem-estar do povo tinha sua origem na piedade filial que Dom Helder alimentava e manifestava na oração" (PIRES, 2009, p. 940).

Nosso profeta certamente conheceu as noites escuras da oração, sobretudo durante o Concílio, em que teve decisiva participação. "Suas vigílias eram o cadinho ao fogo do qual, para o Concílio e para ele mesmo, a complexidade se convertia em simplicidade; os fracassos em energias novas e, as angústias, em paz profunda. A paz dos justos, a paz dos humildes" (BROUCKER, apud RAMPON, 2013, p. 309). Na prece e oração matutinas, Dom Helder enfrentou difamações, calúnias, perseguições, indiferenças e incompreensões. Sempre firme no exercício de seu ministério e de sua profecia, preservou o coração leve, livre do ódio e da vingança, unido a Cristo e à humanidade inteira (RAMPON, 2013, p. 310). Sua oração foi também sacerdotal, oferta de si ao Pai pelo Filho no Espírito para a salvação da humanidade que se configura na história como reino de justiça e paz para todos.

2.4.3 Maria na vida do presbítero

A devoção a Maria também tem seu lugar no coração do presbítero. Devoção sóbria e sincera, sem exageros mágico-superticiosos ou interesses obscuros e ambíguos. O problema do culto a Maria emerge quando a verdadeira devoção, forma de culto cristão que encontra na liturgia sua expressão mais perfeita, transforma-se em devocionismo fundamentalista que resgata práticas anacrônicas do passado e cria novas à margem de critérios teológico-pastorais seguros. Tais devoções angariam fiéis devotos e, o que é pior, abundantes recursos econômicos, levantando sérias suspeitas sobre as reais intenções daqueles que as propagam. Por outro lado, elas geram a falsa ilusão de um cristianismo de massa, movido mais por uma espiritualidade de tipo mágico-superticioso do que por uma espiritualidade de cunho libertador, de corte bíblico-espiritual (MURAD, 2016, p. 18-19).

O culto à Maria pertence ao patrimônio teológico-espiritual da Igreja que acentua os seus aspectos positivos. O Concílio Vaticano II enfatiza seu inegável valor e possíveis exageros: "Recomenda-se o culto à Maria, evitando tanto os exageros quanto a demasiada estreiteza de espírito". Aconselha "o reconhecimento da figura da Virgem Maria" e propõe "o seguimento de suas virtudes" (LG 67). O Papa Paulo VI corroborou a reflexão do Concílio, apontando as características do autêntico culto a Maria e afirmando seu caráter cristológico:

> Tudo é relativo a Cristo e dependente dele: foi em vista dele que Deus Pai, desde toda eternidade, a

escolheu Mãe toda santa e a ornou com dons do Espírito a ninguém mais concedidos. A genuína piedade cristã certamente, nunca deixou de pôr em realce essa ligação indissolúvel e a essencial referência da Virgem Maria ao Divino Salvador (MC 25).

O presbítero cultiva sua devoção a Maria sentindo-se a serviço da Igreja, da qual Maria é *figura perfeita*. Ela reúne a todos em sua comunhão com o Filho Jesus Cristo e em seu *sim* incondicional a Ele. O serviço sacerdotal se entende no horizonte da *Ecclesia* onde o Espírito Santo suscita carismas e na qual o ministro ordenado se sente chamado a dizer seu *sim* a Deus na sua vocação específica. Um antigo axioma da Igreja alexandrina afirmava: "O que Maria é temos todos que chegar a ser". Ela gerou o Filho de Deus e permaneceu unida a Ele e aos irmãos na comunidade dos apóstolos.

Jesus continua *se encarnando* e *vindo ao mundo* na vida daqueles que se abrem generosamente à sua graça e acolhem a sua proposta. Gerar Jesus no mundo desponta como a missão por excelência de todos os cristãos, mas no presbítero tal missão adquire intensidade maior, pois tendo sido configurado a Cristo-cabeça da Igreja e pastor do rebanho, está a serviço dessa *geração de Cristo no mundo* pela caridade pastoral. Seu ministério necessita, portanto, da *fecundidade mariana* e está em estreita relação com Maria, a quem deve venerar e amar com devoção filial e culto (PO 18). "Essa relação – ainda que de maneira respectivamente distinta – pode e deve se expressar na oração e em outros atos espirituais" (GRESHAKE, 2010, p. 448).

2.5 Pastoral presbiteral e formação permanente

A formação permanente já tinha sido proposta por João Paulo II na exortação pós-sinodal *Pastoris Dabo Vobis*. Hoje ele se tornou ainda mais indispensável. Sua tarefa é alimentar a conversão contínua e a fecundidade do exercício ministerial, englobando as dimensões espiritual, pastoral, intelectual e humana. As mudanças culturais e sociais afetaram profundamente a maneira de os cristãos viverem sua fé, sua participação na vida da Igreja, nos sacramentos. Numa sociedade que se tornou "terra incógnita" e na qual há múltiplas referências de sentido, muitos não sabem que direção seguir. Cabe ao bom pastor guiar e propor pontos de referência seguros e confiáveis a partir da fé, o que não será possível sem formação permanente. Essa, embora mais urgente para os jovens presbíteros, torna-se importante em todas as idades da vida e contribui para que cada um se sinta parte do presbitério, da Igreja particular na qual está incardinado e na qual vive em comunhão com o bispo. Toda Igreja particular é responsável pela formação permanente. A partilha de vida entre os sacerdotes e a comunidade oferece contribuição fundamental para essa formação (PDV 70-81).

A formação permanente acontece no âmbito do que hoje se chama "pastoral presbiteral". Normalmente, a pastoral diz respeito àquilo que os presbíteros fazem pelos outros no seu serviço ministerial. A pastoral presbiteral, no entanto, diz respeito àquilo que os presbíteros fazem para eles mesmos, como se cuidam para que sejam cuidadores. Ela existe para que os presbíteros sejam cuidados em todas as dimensões de sua vida: psicológico-afetiva, pastoral, teológica etc. A pastoral presbiteral se ocupa da formação permanente, mas não se reduz à atualização teológica. O presbítero necessita sempre crescer no discipulado, identificando-se sempre mais com Cristo Bom Pastor e sua causa, num envolvimento que exige apropriação pessoal do mistério de Cristo. Atualizar-se teologicamente e em várias áreas do saber ajuda muito, certamente, mas a vocação presbiteral está alicerçada na comunhão pessoal com Cristo, Filho de Deus no Espírito Santo, que veio para servir e não ser servido (cf. Mc 10,40). A relação pessoal com Cristo, se descuidada, desorienta a vida ministerial. Por isso o Papa Francisco insiste na conversão pessoal, sem a qual a mudança das estruturas se torna ineficaz. Amadeo Cencini pontua com precisão esse aspecto da formação permanente na vida presbiteral.

> Se a existência do padre ou do consagrado não expressa uma vontade constante e efetiva de conformação progressiva à personalidade do Filho, isso cria uma contradição de fundo que rompe a unidade e a harmonia interior do ser humano, e o põe em conflito consigo mesmo, nervoso e enraivecido ou deprimido e entediado. De fato, quando o homem se contradiz, não pode ser feliz, mas sentirá mais ou menos pesada dentro de si uma sensação de desfalecimento pessoal, de falta de sentido naquilo que faz, de ineficácia no seu ministério, de incapacidade de chegar ao coração das pessoas, de tristeza e sutil depressão. Em síntese, se não entra em ação a formação contínua, a vida será contínua frustação (CENCINI, 2012, p. 50).

A formação permanente, da qual se ocupa a pastoral presbiteral, refere-se a essa conformação pessoal ao próprio ministério, centrado na pessoa de Cristo. Ela diz respeito à "competência" dos presbíteros, em todos os níveis. O termo competência nasceu no mundo empresarial para designar a capacidade necessária para que uma pessoa se sinta preparada para realizar projetos voltados para as relações interpessoais e as ações, as quais exigem sempre inventividade, eficácia e responsabilidade. Na pedagogia, o termo passou a significar o preparo de que o sistema educativo carece para oferecer ao cidadão maneiras adequadas de enfrentar situações problemáticas que encontrará nas diversas áreas da existência. O aluno que adquire essa competência se torna apto a assumir sua vida com responsabilidade, contribuindo com a construção de uma sociedade mais equitativa, humana e justa. A competência, nesse caso, nada tem a ver com a competitividade do mundo neoliberal, baseada na busca frenética do melhor desempenho para vencer os concorrentes. Ela significa, na pedagogia, a capacidade de utilizar um conjunto de saberes, habilidades e atitudes para defrontar situações diversificadas, gerando, assim, sabedoria na arte de viver e responsabilidade na vida pessoal e social. Essa competência tem que ser buscada durante toda a vida (FOSSION, 2015, p. 145-146).

Fossion aborda esse conceito de competência no âmbito da catequese em tempos desafiantes de pós-modernidade. A tarefa da catequese é suscitar a autêntica experiência cristã, única em condições de originar um cristianismo pessoalmente assumido e não apenas culturalmente herdado. Seu conceito teológico de competência também se adequa à formação permanente necessária aos presbíteros, pois abarca três dimensões cruciais da existência.

> Por competência cristã entendemos a aptidão para conduzir a vida e escrevê-la pessoalmente na fé (fé/esperança/caridade) em comunhão com a comunidade cristã e num contexto cultural determinado, mobilizando de maneira integrada e inventiva os diversos recursos (saberes, habilidades, atitudes e valores...) da Tradição cristã e das culturas e para ampliar esta competência no exercício dela mesma ao longo dos dias (FOSSION, 2015, p. 147).

Escrever pessoalmente a vida na fé supõe assimilação pessoal do Evangelho e do mistério de Cristo como a regra da existência cristã no serviço ministerial. Não se trata apenas de adaptar-se às normas prescritas pela Igreja no campo da moral e da liturgia ou atualizar-se teologicamente e em outras áreas do saber, mas de se abrir às inspirações do Espírito Santo na comunhão com a comunidade de fé na qual acontece o serviço presbiteral. Mesmo estando, por vocação, diante do povo de Deus, o presbítero permanece membro do povo de Deus. Todos os cristãos, pelo batismo, são uma comunidade em Cristo, na força do Espírito Santo, que a todos comunica a mesma vida e o mesmo amor. As inspirações do Espírito emergem na comunidade povo de Deus. O contexto eclesial, cultural e social, por sua vez, determina as opções e as urgências do serviço ministerial. O presbítero dialoga com o mundo a sua volta sem fugir de seus desafios sociais, políticos, culturais. O serviço presbiteral se manifesta também como serviço à vida social que necessita ser sempre humanizada à luz do Evangelho. Se a evangelização não humaniza, tornando a vida humana mais digna, não cumpre o seu objetivo. Evangelizar é sempre um serviço à dignidade humana, valor irrenunciável, que o ser humano conserva, em quaisquer condições. Mobilizar os recursos da Tradição é se valer do patrimônio teológico e espiritual que a Igreja oferece para a solução dos problemas práticos que surgem em várias situações. Aqui se exige uma inteligência prática, capaz de unir conteúdos e circunstâncias específicas (FOSSION, 2015, p. 146-148).

Quanto à *Síndrome de Burnout*, da qual falamos, e que afeta número considerável de presbíteros, embora não se possa generalizar, William propõe a *clínica psicossocial institucionalizada* para o seu tratamento, que demanda epistemologia interdisciplinar. O psicanalista parte do pressuposto de que os aspectos da existência humana são diversificados. A clínica psicossocial institucionalizada, sem negar a necessidade de tratamento medicamentoso e psicoterápico para a *Síndrome do Bom Samaritano Desiludido por Compaixão*, inclui na sua abordagem a análise das organizações e instituições, em vista de chegar à causa do problema, que nunca se encontra somente no indivíduo, mas na teia de relações estabelecidas dentro da instituição. Se também essa não for devidamente tratada, o presbítero não supera satisfatoriamente a síndrome (PEREIRA, 2012, p. 49-58).

William sugere a criação de grupos terapêuticos onde os problemas sejam tratados de forma transparente e respeitosa. Esses grupos são parte da formação permanente e responsabilidade da pastoral presbiteral. A clínica psicossocial não se define como lugar de pessoas doentes, mas lugar de cuidado com a saúde, em todos os seus níveis. Seu ambiente se revela agradável e democrático, onde são abordadas questões pastorais, relacionais e institucionais. A proposta não funciona como uma panaceia, mas traz novas luzes que iluminam a escuridão do caminho. O mais importante é que a instituição se debruce sobre as demandas das novas gerações e as angústias das mais antigas, para compreendê-las de modo consistente, encontrando saídas possíveis. A formação permanente em nível diocesano contribui muito para o enfrentamento da *Síndrome do Bom Samaritano desiludido* e outros problemas emergentes. No último capítulo de seu livro, William traz excelente proposta para a pastoral presbiteral e a formação permanente. Proposta didática para ajudar os responsáveis pela pastoral presbiteral (PEREIRA, 2012, p. 457-528). Há, também, material muito consistente proposto pela CNBB para essa pastoral: *Itinerário formativo nos primeiros anos do ministério*, da Coleção Ministérios (CELAM, 2018). O documento é do Celam e foi publicado pela CNBB. Esse documento contempla a formação permanente desde a ordenação até os 35 anos, partindo das motivações pessoais da vocação presbiteral e chegando às áreas de atuação do ministro ordenado: dimensão humana e comunitária, dimensão espiritual, dimensão intelectual e dimensão pastoral-missionária.

3

QUAL A MISSÃO DO PRESBÍTERO?
Cuidai de todo rebanho (At 20,28)

*Missão é partir, caminhar, deixar tudo,
sair de si, quebrar a crosta do egoísmo
que nos fecha no nosso ser. É parar de dar
voltas ao redor de nós mesmos, como se
fôssemos o centro do mundo e da vida.
É não se deixar bloquear nos problemas
do pequeno mundo a que pertencemos:
a humanidade é maior. Missão é sempre
partir, mas não devorar quilômetros.
É, sobretudo, abrir-se aos outros como
irmãos, descobri-los e encontrá-los.
E, se para encontrá-los e amá-los é
preciso atravessar os mares e voar lá nos
céus, então missão é partir até os confins
do mundo (Dom Helder).*

3.1 O presbítero bom pastor

Jesus é o Bom Pastor (cf. Jo 10), o Pastor supremo que o Pai envia para salvar a humanidade. Ele se considera o Pastor enviado às ovelhas perdidas da casa de Israel (cf. Mt 15,24). Demonstra compaixão frente a pessoas que se parecem a ovelhas que não têm pastor (cf. Mc 6,34). No Evangelho de João, há uma teologia do pastoreio (cf. Jo 10). Jesus se apresenta como o verdadeiro pastor que conhece o seu rebanho e é por Ele conhecido. Não abandona o seu rebanho em momentos de apuros, quando ladrões e saqueadores o ameaçam. Seu objetivo é que tenham vida em abundância. Ele é o pastor que conduz a humanidade ao Pai. "Quando eu for elevado da terra, atrairei todos a mim" (Jo 12,32). Ele é aquele que serve, que lava os pés dos apóstolos na última ceia, assumindo um serviço de escravo (cf. Jo 13,1-20). Jesus, Pastor supremo, também instituiu pastores (cf. Ef 4,9-13) para continuar o pastoreio. "Apascentai o rebanho de Deus que vos foi confiado, cuidando dele, não como por coação, mas de livre vontade, como Deus o quer, nem por torpe ganância, mas por devoção, nem como senhores daqueles que vos couberam por sorte, mas, antes, como modelo do rebanho" (1Pd 5,2). A função do pastor consiste em mostrar, com suas palavras e seu testemunho, que Jesus é o caminho, a verdade e a vida; o sentido último da existência humana (KASPER, 2009, p. 67-69).

A exemplo de Jesus, o presbítero bom pastor buscará preferencialmente os que sofrem necessidade física e espiritual, ajudando a todos com sua assistência, seu conselho, sua palavra. O mais importante é que esteja presente, à disposição, mesmo se não tem uma resposta para todos os problemas que encontra. Seu serviço é de amor e afeição (cf. 1Cor 4,15; Fl 2,22) aos mais frágeis: pobres, fracos, perdidos. O presbítero tem obrigação de ajudar os fracos. Paulo se alegra de ter trabalhado com as próprias mãos para atender às necessidades materiais dos mais pobres e doentes (cf. At 20,33-35). O presbítero, segundo o apóstolo, não é aquele que apenas recebe da comunidade, mas aquele que oferece com alegria sua ajuda espiritual e material a quem está em necessidade.

Outro dever primordial do pastor é congregar e unir a todos no mesmo rebanho. Unir é mais que organizar. O risco de o presbítero ser açambarcado pela burocracia é maior nos tempos atuais, em que as leis trabalhistas se tornam sempre mais exigentes e até a caridade deve se submeter às leis civis. Pastorear não tem a ver, primeiramente, com burocracia, mas é serviço espiritual. O bom pastor reúne todos em torno do único Pastor, Jesus Cristo, aquele que verdadeiramente preside a Igreja, que é seu corpo. A multiplicidade de carismas na comunidade precisa convergir para um mesmo fim: a comunhão de todos com Cristo e entre si, no vínculo da caridade. Semear a discórdia, a divisão, a maledicência contradiz o serviço do pastor (KASPER, 2009, p. 7-71). A atenção às dificuldades pessoais e às disposições do temperamento parece necessária para que o pastor não se torne um ministro antipático, que transfere para as relações interpessoais seus descontentamentos e frustrações.

O Cardeal Kasper enumera os traços característicos do bom pastor. Ele não se restringe ao grupo dos que já são fiéis, mas busca os que se extraviaram, se perderam, se sentem estranhos e não encontram mais motivos para crer. Não privilegia um grupo de ricos e privilegiados, mas tem um coração para os pobres, os pequenos, os fracos, para as crianças, os doentes, os incapacitados, as diversas minorias e para todos os que são desfavorecidos. Busca apascentar o rebanho, não a si mesmo, por isto não deseja vantagem própria, mas se arrisca e sacrifica sua vida pelos outros (KASPER, 2009, p. 75-77). Paulo, aos presbíteros de Éfeso, critica todo comportamento de "autoexaltação" e "autopromoção". Cabe ao pastor, ainda, ser vigilante, alertando a comunidade sobre os lobos vorazes ou falsos profetas que querem enganar as pessoas em vista do sucesso, da glória mundana, do poder e da riqueza. São sedutores que, segundo Paulo, surgem até no meio dos presbíteros para desviar os fiéis (cf. At 20,29).

O Apóstolo Paulo apresenta a caridade – o amor fraterno – como a regra magna da vida cristã. A caridade pastoral caracteriza a vida sacerdotal que, segundo João Paulo II, se define como dom de si à Igreja como resposta ao dom gratuito do Espírito que configura o sacerdote a Cristo Cabeça, Pastor, Servo e Esposo da Igreja. Cristo se entrega ao Pai por amor aos seres humanos e se torna sacramento visível do amor do Pai que envia seu Filho para salvar o mundo. Não se trata apenas de um modo de agir exteriormente, mas de sentir interiormente. O "eu" do sacerdote está no que faz por Deus e para os outros. A caridade pastoral expressa a própria caridade de Cristo da qual o sacerdote é testemunha e sacramento. Através da caridade pastoral, o bom pastor se torna instrumento de Deus para os homens. Servindo a Cristo, à Igreja e às pessoas, unifica sua vida, tornando-se contemplativo (espiritualidade) na ação (pastoral) (PDV 23). Cabe ao bom pastor cuidar para que a caridade expresse a comunhão fraterna entre os membros da comunidade que ele preside na unidade, composta pela diversidade dos carismas a serviço da construção da Igreja, sacramento do Reino.

Os cristãos podem aspirar aos dons do Espírito, mas sem deixar de procurar em primeiro lugar a caridade (cf. 1Cor 14,1), carisma essencial e que está acima de todos os outros (1Cor 13,1-13). Santa Teresinha, em sua vida contemplativa, sentiu o afã de possuir todas as vocações para anunciar o Evangelho e encontrou na caridade a síntese dos carismas, pois só a caridade faz os membros da Igreja agirem, portanto ela resume todas as vocações, afinal, sem amor os apóstolos não anunciariam o Evangelho e nem os mártires derramariam seu sangue. A caridade abraça todos os tempos e lugares. Essa resposta encontrada em 1Cor 13 a faz exclamar: "No coração da Igreja, minha mãe, serei o amor, assim eu serei tudo" (THERÈSE DE LISIEUX, 2001). A comunidade edificada é uma família na qual os irmãos, conscientes de sua vocação, buscam agradar a Deus, deixando-se conduzir pelo amor derramado em seus corações pelo Espírito (Rm 5,5) para o bem de todos. "Que o Senhor vos conceda crescer e prosperar no amor de uns para com os outros" (1Ts 3,12). "Pelo amor colocai-vos a serviço uns dos outros" (Gl 5,13). O "amar-se uns aos outros" de Paulo expressa a fraternidade exigida de todos os cristãos, independentemente das funções que exercem na comunidade, afinal são todos filhos do mesmo Pai no único

Filho Jesus. "Pelo amor colocai-vos a serviço uns dos outros, porque toda lei está contida numa só palavra: amar ao próximo como a si mesmo" (Gl 5,13-14). O bom pastor conhece suas ovelhas porque as ama: "Não existe o verdadeiro conhecimento sem amor, sem uma relação interior, sem profunda aceitação do outro. O pastor não pode contentar-se em conhecer nomes e datas. O seu conhecer as ovelhas deve ser sempre também um conhecer com o coração" (BENTO XVI, 2010, p. 35).

3.2 O presbítero e o serviço da evangelização

Paulo recomenda os presbíteros de Éfeso a Deus e à *Palavra de sua graça*, a qual santifica. Estão a serviço da Palavra e de sua eficácia salvífica (cf. At 20,32). Palavra que não é doutrina, muito menos ideologia, mas a própria graça de Deus em ação para que a comunidade tenha fundamento sólido (cf. 1Cor 3,10). Tal Palavra garante a herança para os que foram salvos. Jesus envia os discípulos para proclamar a Palavra que Ele mesmo proclamou: o Evangelho de Deus, a boa-nova do Reino. "Cumpriu-se o tempo e o Reino de Deus está próximo. Arrependei-vos e crede no Evangelho" (Mc 1,15). O Nazareno resume sua missão no seu discurso inaugural na sinagoga de Nazaré, apropriando-se das palavras de Isaías: "O Espírito do Senhor está sobre mim, porque ele me consagrou pela unção para evangelizar os pobres" (Lc 4,18). Ele anuncia uma doutrina totalmente nova, com autoridade superior à dos escribas: "Ele os ensinava como quem tem autoridade, e não como os escribas" (Mc 1,22).

Pregar o Evangelho do Reino resume a missão confiada por Jesus aos discípulos: "Ide e proclamai que o Reino dos Céus se aproximou" (Mt 10,7; cf. Lc 9,2.6). Os sinóticos se concluem com este mandato de Jesus: "Ide pelo mundo inteiro, proclamai o Evangelho a toda a criatura" (Mc 16,15; cf. Mt 28,19s.; Lc 24,47; At 1,8). Fiéis à missão recebida do mestre, depois da vinda do Espírito Santo, os apóstolos iniciam a tarefa recebida, pregando o Evangelho e espalhando alegria em toda a parte (cf. At 8,39; 13,48.52; 15,31). Serviço cuja prioridade supera o serviço das mesas (cf. At 6,2). Paulo se considera escolhido para o serviço do Evangelho: "apóstolo, escolhido para anunciar o Evangelho de Deus" (Rm 1,1; cf. At 9,15; 1Ts 1,9). Valoriza a tal ponto a missão recebida que chega a afirmar: "Pois não foi para batizar que Cristo me enviou, mas para anunciar o Evangelho" (1Cor 1,17). Alegra-se por anunciar o Evangelho em lugares onde o nome de Cristo ainda não era conhecido (cf. Rm 15,19-20) (KASPER, 2008, p. 80).

A fidelidade ao Evangelho recebido e a pregação incessante da Palavra surgem como antídoto para superar possíveis ameaças em tempos de crise. Por isso, Timóteo deve permanecer fiel à evangelização: "proclama a Palavra, insiste, no tempo oportuno e inoportuno, refuta, ameaça, exorta com toda paciência e doutrina" (2Tm 4,2). Seu trabalho é propriamente este: "faze o trabalho de evangelista, realiza plenamente teu ministério" (2Tm 4,5). Segundo Paulo VI, o anúncio do Evangelho é a verdadeira identidade da Igreja, ela existe para evangelizar, anunciar o Evangelho é sua missão primeira (EN 14). A ação missionária se configura, portanto, como "o paradigma de toda a obra da Igreja" (EG 15). A Igreja no Brasil, fiel à proposta de Francisco e atenta ao Documento de Aparecida, propõe que a comunidade cristã esteja "em estado permanente de missão" (DGAE 32) e afirma a urgência de uma nova "consciência missionária" (DGAE 38).

A evangelização nasce do mistério pascal de Cristo. O Espírito Santo é dado para que os discípulos permaneçam na intimidade com Jesus e se sintam enviados a anunciar a boa-nova do Evangelho. Ele é o protagonista da missão e chega antes que o missionário à vida das pessoas. O "ide" de Jesus inclui os desafios futuros da missão de todos os tempos. Por isso o Papa

Francisco convida a Igreja a se tornar *uma Igreja em saída*, o que supõe abandono das comodidades para ir às periferias do mundo nas quais há escassez da luz do Evangelho (EG 19-20). A alegria do Evangelho é para todo o povo e ninguém fica excluído. Toda comunidade tem vocação missionária. "Com obras e gestos, a comunidade missionária entra na vida diária dos outros, encurta as distâncias, abaixa-se – se for necessário – até à humilhação e assume a vida humana, tocando a carne sofredora de Cristo no povo" (EG 24).

O sentido da vida de Jesus se encontra no anúncio do Reino. "Jesus Cristo, com suas ações e palavras revela o gesto salvífico do Pai, seu amor e sua misericórdia incondicionada" (MIRANDA, 2017, p. 60). Jesus, com sua vida e obra, morte e ressurreição, envio do Espírito Santo, manifesta o poder salvífico de Deus atuando na história. Os pobres têm um lugar proeminente no reinado de Deus, porque a eles, justamente por serem necessitados, dirige-se a mensagem salvífica do Reino, como pura gratuidade do amor de Deus. Segundo o Antigo Testamento, necessitados são os pobres, os órfãos, as viúvas e os estrangeiros. Nos evangelhos aparecem outras categorias de necessitados: doentes, publicanos, mulheres, prostitutas, crianças, leprosos, viúvas, órfãos etc.

O Reino de Deus é para todos, mas especialmente para os pobres, porque Deus ama mais aqueles que mais carecem de amor. Essa atitude de Deus que se expressa em seu Filho Jesus revela sua benevolência misericordiosa. As intenções divinas são claras: que as relações humanas se fundamentem na caridade autêntica, que se opõe à injustiça e às desigualdades. Os pobres são os preferidos de Deus e, portanto, destinatários primeiros da evangelização. O Vaticano II propõe que os presbíteros e os bispos evitem tudo que possa afastar os pobres, como a aparência de vaidade, por exemplo. "Instalem de tal forma sua moradia, que a ninguém ela pareça inacessível, e jamais alguém, mesmo que bem humilde, se envergonhe de frequentá-la" (PO 17). O estilo de vida simples favorece a proximidade e partilha com os pobres. Segundo Paulo, os presbíteros devem ajudar não só espiritualmente, mas também materialmente os pobres (cf. Ef 4,28). E o Vaticano II declara: "Não se prendam os sacerdotes de forma alguma às riquezas, mas evitem sempre toda cobiça, abstendo-se, com cuidado, de toda aparência de comércio" (PO 17). Sobretudo aos pobres e aos fracos se destina o serviço sacerdotal (PO 6), como enfatiza Francisco:

> Não devem subsistir dúvidas nem explicações que debilitem essa mensagem claríssima. Hoje e sempre, os pobres são os destinatários privilegiados do Evangelho, e a evangelização dirigida gratuitamente a eles é sinal do Reino que Jesus veio trazer. Há que afirmar sem rodeios que existe um vínculo indissolúvel entre a nossa fé e os pobres. Não os deixemos mais sozinhos (EG 58).

Francisco propõe que a evangelização não seja imposição extrínseca de doutrinas, mas anúncio do essencial, do mais atraente e do mais necessário (EG 35). Como importa mais a ação missionária centrada no coração do Evangelho, o doutrinal, o jurídico e o institucional devem estar a serviço da evangelização. O essencial simplifica a proposta sem que essa perca consistência e verdade. O papa cita o princípio da hierarquia das verdades do Vaticano II, afirmando que as verdades reveladas procedem da mesma fonte divina e merecem a mesma fé, mas algumas expressam mais a essência do Evangelho e apontam para um núcleo fundamental, que é "a beleza do amor salvífico de Deus manifestado em Jesus Cristo morto e ressuscitado" (EG 36). O amor salvífico na pregação de Jesus se identifica com o Reino de Deus oferecido a todos como graça e misericórdia.

O Reino chega com Jesus (cf. Mc 1,15; 2,21; Lc 7,22; 16,16; Mt 11,12.1) e se destina ao coração das pessoas, chamadas à intimidade com o Mestre. Por isso a evangelização exige encontro verdadeiro e pessoal com Jesus. Francisco, no início do seu pontificado, convida os cristãos a renovar o seu encontro pessoal com Jesus e a se deixar encontrar por Ele. Sugere uma bela oração que dispõe a esse encontro: "Senhor, deixei-me enganar, de mil maneiras fugi do vosso amor, mas aqui estou novamente, para renovar minha aliança convosco. Preciso de vós. Resgatai-me de novo, Senhor; aceitai-me mais uma vez nos vossos braços redentores" (EG 3). A evangelização nasce, portanto, dessa paixão por Jesus e o seu Reino que repercute na vida social e política, onde o direito e a justiça aparecem como sinais da presença de Deus. Ela carrega indispensável dimensão interior, ao exigir conversão profunda, mas se expressa em compromissos concretos, abarcando a dimensão social.

> A proposta é o Reino de Deus (cf. Lc 4,43); trata-se de amar a Deus, que reina no mundo. À medida que Ele conseguir reinar entre nós, a vida social será um espaço de fraternidade, de justiça, de paz, de dignidade para todos. Por isto, tanto o anúncio como a experiência cristã tendem a provocar consequências sociais (EG 180).

O Reino de Deus supõe trabalhar por um mundo mais humano para que Deus possa reinar. "A Igreja não pode nem deve ficar à margem na luta pela justiça. Todos os cristãos, incluindo os pastores, são chamados a se preocupar com a construção de um mundo melhor" (EG 183). A solidariedade com os pobres supõe trabalhar pelos seus direitos fundamentais quanto à justiça e à liberdade, para que sejam capazes de superar os males que os oprimem. Francisco pede para "inserir-nos a fundo na sociedade, partilhar a vida com todos, ouvir suas preocupações, colaborar material e espiritualmente nas suas necessidades, alegrar-nos com os que estão alegres, chorar com os que choram e comprometer-nos na construção de um mundo novo, lado a lado com os outros" (EG 269). O compromisso com a construção de uma nova ordem social é, também, um dos objetivos das Diretrizes Gerais da Ação Evangelizadora no Brasil (DGAE 15).

A Igreja latino-americana tomou consciência do sofrimento de grande parte da população desse continente em suas assembleias gerais. Os documentos que delas emanaram acentuam a opção pelos pobres, a luta pela justiça, a denúncia das ideologias desumanizantes (MIRANDA, 2017, p. 70). A justiça se configura como um dos elementos constitutivos do Reino de Deus. A caridade fraterna, na prática, para ganhar contornos concretos, necessita historicizar-se. Sem percorrer um caminho rumo à historicização, ela corre o risco de permanecer abstrata e sem conteúdo. Na atual situação do Terceiro Mundo, a concretização da caridade inclui obrigatoriamente a promoção da justiça a favor dos pobres. Na justiça se encontra a mais alta expressão da caridade fraterna e a realização do Reino de Deus, a ação de Deus a favor dos pequenos (SOBRINO, 1981, p. 51). De fato, a injustiça é fratricida, porque alimenta as desigualdades entre os irmãos. Segundo Bento XVI, a marca da Igreja – seu dever – é a caridade. "O amor do próximo, radicado no amor de Deus, é um dever, antes de mais nada, para cada um dos fiéis, mas o é também para a comunidade eclesial inteira". Essa convicção surgiu desde os inícios da Igreja, como nos descreve At 2,44-45, e se traduz na comunhão dos bens necessários à vida digna (At 4,32-37) como exigência intrínseca da caridade válida ainda nos dias de hoje (DCE 20). A "comunhão dos bens necessários à vida digna" não existe onde não há justiça.

A missão da Igreja, povo de Deus, é evangelizar. Na Igreja ninguém está excluído da missão de evangelizar, pois pelo batismo e crisma são todos sujeitos eclesiais. "O apostolado dos leigos é participação na própria missão salvífica da Igreja. A este apostolado todos são destinados pelo próprio Senhor através do batismo e da confirmação" (LG 33). Aparecida afirma que, quanto ao projeto pastoral da diocese, "os leigos devem participar do discernimento, da tomada de decisões, do planejamento e da execução" (DAp 371). Segundo Francisco, todo batizado, independentemente do grau de instrução de sua fé, é sujeito de evangelização, que não depende apenas de agentes qualificados. O protagonismo da evangelização diz respeito a cada um dos batizados (EG 120) e o clericalismo precisa ser superado para que os fiéis leigos não sejam excluídos das decisões (EG 102). A Igreja no Brasil reconhece o protagonismo dos leigos na evangelização na perspectiva dos serviços e ministérios suscitados pelo Espírito (DOCUMENTOS DA CNBB 105, p. 151-167). O papa evidencia o lugar do batismo na existência de todos os que pertencem ao povo de Deus.

> Olhar para o povo de Deus é recordar que todos fazemos o nosso ingresso na Igreja como leigos. O primeiro sacramento, que sela para sempre a nossa identidade, e do qual deveríamos ser sempre orgulhosos, é o batismo. Através dele e com a *unção do Espírito Santo*, (os fiéis) "são consagrados para serem edifício espiritual e sacerdócio santo" (LG, 10). A nossa primeira e fundamental consagração funda as suas raízes no nosso batismo. Ninguém foi batizado sacerdote nem bispo. Batizaram-nos leigos e é o sinal indelével que jamais poderá ser cancelado. Faz-nos bem recordar que a Igreja não é uma elite de sacerdotes, consagrados, bispos, mas que todos formamos o Santo Povo fiel de Deus (FRANCISCO, 2016).

O cristão é discípulo missionário e seu processo de formação exige passos concretos bem definidos pelo Documento de Aparecida: o encontro pessoal com Jesus Cristo, a conversão que deriva desse encontro; o discipulado enquanto constante crescimento na experiência da comunhão com Cristo que leva ao conhecimento mais profundo de sua pessoa, seu exemplo e sua doutrina; a comunhão eclesial, pois não há discipulado sem comunidade e, finalmente, a missão, que consiste no anúncio de Jesus Cristo, morto e ressuscitado, e no serviço aos mais necessitados em vista da construção do Reino de Deus (DAp 278).

A missão na Igreja é de todo batizado, como nos ensina o Vaticano II e como enfatiza o Papa Francisco. Mas ela é tarefa primordial dos bispos e presbíteros, enquanto ministros da unidade e da presidência, que agem *in persona Christi*. Estão *na comunidade* dos crentes, são discípulos-missionários já como cristãos e jamais deveriam se esquecer disso. Mas seu ministério os configura a Cristo chefe, cabeça, servo e esposo da Igreja e, por isso, estão *diante da comunidade*. Como presidem a comunidade, presidem a evangelização.

Após a morte e ressurreição de Jesus, anunciar o Reino é o mesmo que anunciar Jesus como salvação da humanidade. Evangelizar significa tornar conhecida a salvação que está em Cristo e é destinada a todos os seres humanos. Pregar o evangelho da salvação cristã não significa propagar doutrinas, mas a *beleza do amor salvífico de Deus*. Não se trata, pois, de demonstrar uma verdade. Os primeiros apóstolos eram discípulos, cristãos, "homens de Jesus Cristo", suas testemunhas. Para Lucas, a missão dos apóstolos consiste em *dar testemunho do Ressuscitado* (cf. Lc 24,48; At 2,32; 3,15; 4,33; 5,32; 13,31; 17,6; 22,15) e da sua vida pública (cf. Lc 1,2; At 1,22). Os ministros ordenados atuam como homens de Cristo Salvador, por meio dos quais o Ressuscitado se manifesta aos homens e mulheres de nosso tempo. Francisco nos lembra que a potestade sacerdotal toca a esfera da *função* e não a da dignidade e da santidade. A dignidade do cristão vem do batismo. A configuração a Cristo Cabeça da Igreja não deve levar à exaltação que põe o ministro acima dos demais cristãos. Sua autoridade é sempre um serviço ao povo, assim como foi a autoridade do próprio Jesus, Servo Sofredor (EG 104).

O clericalismo é o contrário dessa atitude de serviço (EG 102). "Onde quer que o serviço espiritual se transforme em domínio, onde quer que a tarefa sacramental de representar a Cristo se perverta, tornando-se exercício de poder pessoal para situar-se acima dos outros, ocupar o primeiro lugar, obter vantagens e celebrar a si mesmo [...], aí está presente o clericalismo" (GRESHAKE, 2010, p. 426). O papa afirma que o clericalismo é a caricatura do ministério presbiteral, porque, ao invés de servir, o presbítero se faz servir, buscando vantagens pessoais no seu trabalho, pondo-se acima dos leigos e se sentindo membro de uma casta sacerdotal separada do povo de Deus. Essa atitude, segundo Francisco, está na origem de todo tipo de abuso por parte de padres e bispos.

> Esta atitude não só anula a personalidade dos cristãos, mas tende também a diminuir e a subestimar a graça batismal que o Espírito Santo pôs no coração do nosso povo. O clericalismo leva a uma homologação do laicato; tratando-o como "mandatário" limita as diversas iniciativas e esforços e, ousaria dizer, as audácias necessárias para poder anunciar a boa-nova do Evangelho em todos os âmbitos da atividade social e, sobretudo, política. O clericalismo, longe de dar impulso aos diversos contributos e propostas, apaga pouco a pouco o fogo profético do qual a inteira Igreja está chamada a dar testemunho no coração dos seus povos (FRANCISCO, 2016).

O Apóstolo Paulo nos apresenta o ministério ordenado a partir do serviço espiritual: "O nosso Evangelho vos foi pregado não somente com palavras, mas com grande eficácia no Espírito

Santo e com toda a convicção" (1Ts 1,5). De Paulo aprendemos que Jesus, com sua ressurreição, não deixou o mundo para retornar no final dos tempos. Ele permanece no mundo, oferecendo a todos a *beleza do amor salvífico de Deus*. Ele se tornou em pessoa essa beleza salvífica, a boa-nova do Reino de Deus que, mediante o Espírito Santo, se difunde mundo afora. Após a ressurreição, Jesus se tornou o Evangelho pregado, o Reino anunciado, e prega a si mesmo mediante o ministério dos apóstolos. "Cristo fala em nós" (cf. 2Cor 13,3), exclama Paulo.

Os ministros ordenados não só pregam Cristo, mas continuam Cristo e o fazem porque "estão em Cristo". Cristo vem através daqueles que o anunciam enquanto Salvador do mundo. Essa tarefa diz respeito a todos os batizados, mas os ministros ordenados existem para este apostolado. São configurados a Cristo para evangelizar, não apenas para explicar doutrinas (EG 35). Os apóstolos não explicaram a vida de Jesus. Cristo, por meio deles, veio ao encontro dos seres humanos para lhes oferecer a salvação que está nele. Evangelizar não consiste numa fria explicação racional do Evangelho. Os apóstolos, após a ressurreição de Jesus, tornaram-se "sacramento" de Cristo que deseja se encontrar com cada ser humano. Eles não são professores, mas amigos de Jesus (cf. Jo 15,15), escolhidos para estarem com Ele (cf. Mc 3,14).

Evangelizar é testemunhar o que vimos à luz da fé; o que vimos nos leva para além de realidades visíveis e nos conduz a um mistério profundo: Cristo na sua páscoa redentora a favor do mundo. Só com os olhos da fé o apóstolo vê de verdade. "Acreditei, por isso falei" (2Cor 4,13). A fé surge como dom que Jesus concede a seus amigos. "Já não vos chamo servos, porque o servo não sabe o que seu senhor faz; mas vos chamo amigos, porque tudo o que ouvi de meu Pai vos dei a conhecer" (Jo 15,15). Ele escolhe suas testemunhas, amigos que o anunciam, permanecendo nele: "Eu sou a videira e vós os ramos. Aquele que permanece em mim e eu nele produz muito fruto, porque, sem mim, nada podeis fazer" (Jo 15,5). A missão do discípulo-amigo não é somente anunciar o que sabe sobre Jesus, mas mostrá-lo como amigo dos seres humanos. O discípulo testemunha com a vida e a palavra, torna-se um mediador de Cristo, trabalha para Cristo, se torna "sacramento" do encontro dos homens com Cristo.

A evangelização não depende, portanto, somente da ciência, do estudo e da eloquência do apóstolo, mas é o próprio Cristo que continua vindo aos homens através dos seus ministros. Paulo afirma: "Cristo vive em mim" (Gl 2,20), "é Cristo que fala em mim" (2Cor 13,3). Manifestar Cristo ao mundo através do testemunho permanece o desafio da evangelização. É mais do que demonstrar apologeticamente Cristo e as verdades reveladas, ainda que sejam importantes. Só consegue mostrar Jesus quem cultiva a proximidade com Ele, quem se mantém na atenção amorosa à sua presença. Daí a importância da oração como lugar do cultivo da amizade com o mestre, sem a qual a missão se esvazia e se torna cansativa, às vezes doentia e falsificadora da Palavra de Deus. O Apóstolo Paulo se pergunta sobre a evangelização: "E quem está à altura de tal missão? Não somos como aqueles muitos que falsificam a Palavra de Deus; é, antes, com sinceridade, como enviados de Deus, que falamos, na presença de Deus, em Cristo" (2Cor 2,16-17).

Falar *em Cristo* exige estar em *comunhão profunda com Cristo*. Daí brota o serviço da homilia, serviço à Palavra de Deus. Homilia que não se transforma em doutrinação, afirmações moralistas ou aula de exegese. Ela tem caráter quase sacramental, porque comunica ao coração dos fiéis a beleza e o bem. Seu desafio é comunicar a síntese da mensagem evangélica para unir dois corações que se amam, o do Senhor e o do seu povo (EG 142-143). A comunhão com Cristo fortalece o serviço sacerdotal e a evangelização pela palavra. Por isso, adverte o papa:

Não se pode perseverar numa evangelização cheia de ardor, se não se está convencido, por experiência própria, que não é a mesma coisa ter conhecido Jesus ou não conhecê-lo, não é a mesma coisa caminhar com Ele ou caminhar tateando, não é a mesma coisa poder escutá-lo ou ignorar sua Palavra, não é a mesma coisa poder contemplá-lo, adorá-lo, descansar nele ou não poder fazer isso. Não é mesma coisa procurar construir o mundo com o seu Evangelho, em vez de fazer isso unicamente com a própria razão. Sabemos bem que a vida com Jesus se torna mais plena e, com Ele, é mais fácil encontrar o sentido para cada coisa (EG 266).

O Espírito Santo garante a presença de Cristo em nós. A evangelização se torna, assim, obra do Espírito, que nos faz "estar em Cristo" (Gl 2,20), "falar em Cristo" (2Cor 13,3). O ardor missionário que cada cristão deve ter depende da presença do Espírito Santo. O Papa Francisco afirma a necessidade de uma confiança decidida no Espírito Santo, afinal Ele nos ampara em nossa fraqueza (cf. Rm 8,26). Para alimentar a confiança generosa só é possível quando invocamos o Espírito Santo. Ele nos liberta daquilo que enfraquece o nosso ideal. Deixar-nos guiar pelo Espírito Santo, renunciando a tudo controlar e calcular, para que Ele nos ilumine, orientando-nos e nos impulsionando, nos faz verdadeiramente livres. Depende do Espírito a fecundidade da missão (EG 280). Depende, portanto, da espiritualidade. Os evangelizadores com espírito rezam e trabalham. Transmitem a experiência que fizeram do mistério de Cristo. A mística da missão vem dessa abertura à ação do Espírito, mas "não servem propostas místicas desprovidas de um vigoroso compromisso social e missionário, nem os discursos e ações sociais e pastorais sem uma espiritualidade que transforme o coração" (EG 262).

Ao evangelizar, anunciamos, na força do Espírito, a *beleza do amor salvífico de Deus* que se realiza para nós e em nós através de Cristo. Emerge aqui a dimensão trinitária da evangelização. Buscamos a glória do Pai, agimos e vivemos para louvor de sua graça (cf. Ef 1,6). A glória do Pai é a motivação profunda e o sentido de todo o resto. Jesus buscou a glória do Pai em toda a sua existência. Se somos missionários, é porque Jesus nos disse: "Meu Pai é glorificado quando produzis muito fruto e vos torneis meus discípulos" (Jo 15,8). "Independentemente do que nos convenha, nos interesse, nos seja proveitoso ou não, para além dos estreitos limites dos nossos desejos, da nossa compreensão e das nossas motivações, evangelizamos para a glória do Pai que nos ama" (EG 267).

O bispo (junto com os presbíteros) se põe à frente para sustentar a comunhão missionária e a esperança do povo, mas também se mantém no meio de todos com presença simples e misericordiosa e, algumas vezes, atrás do rebanho para socorrer os que se atrasam, respeitando o olfato do rebanho, que sabe encontrar novas estradas (EG 31). Os presbíteros, por sua vez, devem priorizar a tarefa missionária da evangelização, vencendo a tentação de preservar seus espaços de autonomia. O papa evidencia o que, muitas vezes, bloqueia a missão evangelizadora: atividades mal vividas, sem as motivações adequadas; obrigações que cansam mais do que é razoável e fazem adoecer; projetos irrealizáveis; recusa da custosa evolução dos processos; sonhos de sucesso alicerçados na vaidade; falta de contato real com o povo; despersonalização da pastoral e excesso de organização e burocracia; busca de resultados imediatos; baixa tolerância ao fracasso, à crítica, à cruz (EG 81-83). As dificuldades enumeradas por Francisco são causas da *Síndrome do Bom Samaritano Desiludido por Compaixão* ou *Síndrome de Burnout*. Tais dificuldades denotam compreensão equivocada da evangelização, que não é obra nossa, mas de Cristo que opera em nós pelo Espírito.

3.3 Alguns desafios: a comunidade, a personalização da fé e a espiritualidade

"Não deixemos que nos roubem a comunidade" (EG 92). A evangelização se depara hoje com inúmeros desafios e demanda conhecimento da realidade na qual anunciamos a *beleza do amor salvífico de Deus*. Um dos desafios se encontra na superação do excesso de subjetivismo. Com a irrupção da Pós-modernidade, o ser humano deixou de se compreender como parceiro institucional, como na Cristandade e, em certo sentido, também na Modernidade, quando se identificava com o grupo e se empenhava para sustentá-lo. O coletivo absorvia a subjetividade segundo as exigências da instituição. A subjetividade, no entanto, emerge como uma das características mais evidentes da Pós-modernidade, tornando a experiência religiosa individualista e narcisista quando se articula em torno das necessidades imediatas do sujeito.

Francisco critica uma fé excessivamente subjetiva que não leva à fraternidade e à solidariedade. Enfatiza a importância de se evitar o "mundanismo espiritual", que significa "se esconder por detrás de aparências de religiosidade e até mesmo de amor à Igreja; é buscar, ao invés da glória do Senhor, a glória humana e o bem-estar pessoal" (EG 93). Em que consiste o mundanismo espiritual?

> Numa fé fechada no subjetivismo, em que apenas interessa uma determinada experiência ou uma série de raciocínios e conhecimentos que supostamente confortam e iluminam, mas, em última instância,

a pessoa fica enclausurada na imanência da própria razão ou dos seus sentimentos (EG 94).

O papa rejeita "uma forma de consumismo espiritual à medida do próprio individualismo doentio" (EG 89) e constata: "cresce o apreço por várias formas de espiritualidade do bem-estar sem comunidade, por uma teologia da prosperidade sem compromissos fraternos ou por experiências subjetivas sem rostos, que se reduzem a uma busca interior imanentista" (EG 90). Trata-se de "um cristianismo feito de devoções – próprio de uma vivência individual e sentimental da fé – que, na realidade, não corresponde a uma autêntica piedade popular" (EG 70).

Segundo Francisco, o mundo pós-moderno faz que muitos se refugiem na comodidade da vida privada e no círculo restrito dos mais íntimos. Alguns preferem um Cristo puramente espiritual, sem carne e sem cruz. Mas o Evangelho nos convida a correr o risco do encontro com o rosto do outro, com sua presença física que interpela, com sua dor e suas demandas, com sua alegria contagiosa num constante corpo a corpo. "A verdadeira fé no Filho de Deus feito carne é inseparável do dom de si mesmo, da pertença à comunidade, do serviço, da reconciliação com a carne dos outros" (EG 88). Por ser eclesial, a fé cristã é essencialmente comunitária.

A Igreja se define como povo de Deus. Os cristãos foram "filializados" e "fraternizados" em Cristo. Ele é "o primogênito de uma multidão de irmãos" (Rm 8,29). "Aprouve a Deus santificar e salvar os seres humanos não singularmente, sem nenhuma conexão uns com os outros, mas constituí-los num povo que o conhecesse na verdade e em santidade o servisse" (LG 9). A resposta pessoal é irrevogável, mas tal resposta leva à comunhão fraterna na Igreja, onde Deus se torna o Pai de todos em Cristo, que nos abraça no Espírito. A fraternidade se revela mais importante que as diferenças hierárquicas e carismáticas.

Só ela mostra que o amor sem medidas, especialmente aos mais pobres, é sinal da presença do Ressuscitado. Antes de qualquer função hierárquica, somos todos irmãos e irmãs. "A Igreja cresce não por proselitismo, mas por atração: como Cristo atrai tudo para si com a força do amor. A Igreja atrai quando vive em comunhão, pois os discípulos de Jesus serão reconhecidos se amarem uns aos outros como Ele nos amou" (DAp 159). "Nisso reconhecerão todos que sois meus discípulos, se tiverdes amor uns pelos outros" (Jo 13,35).

Somos filhos do mesmo Pai (cf. Rm 8,14-17; Gl 4,4-7; Ef 1,50). Somos irmãos porque o Espírito nos faz participar da filiação de Jesus. Viver a comunhão fraternal supõe apropriação do nosso ser filial que é participação na própria natureza de Deus. Segundo 2Pd 1,4, ao sermos configurados a Cristo participamos da própria "natureza divina", portanto, do "modo de ser de Deus". E "Deus é Amor" (1Jo 4,8.16). O amor reflete Deus em nós e na história. A Igreja é sacramento desse amor misericordioso de Deus aos homens e tem a missão de mostrar ao mundo o projeto da fraternidade universal, na qual todos são irmãos de todos. Sem a comunidade não existe Igreja, pois ela é povo de Deus, comunidade reunida pelo Ressuscitado para testemunhar Jesus Cristo. A CNBB propõe a recuperação da comunidade, compreendendo a paróquia como comunidade de comunidades. "Os apóstolos criaram comunidades nas quais a essência de cada cristão se define como filiação divina". Essas comunidades permaneciam unidas na escuta da Palavra (ensinamento dos apóstolos), na partilha dos bens (comunhão), na Eucaristia (fração do pão) e nas orações (ESTUDOS CNBB 104, 34-36). O Espírito faz todos participarem da mesma vida e do mesmo amor. Ele é o abraço de Cristo que nos faz ser uma unidade.

Jesus expressa na oração o seu desejo: "que todos sejam um. Como tu, Pai, estás em mim e eu em Ti, que eles estejam em nós, para que o mundo creia que tu me enviaste" (Jo 17,21). "O projeto de Deus é configurar uma humanidade que viva em comunhão fraterna, com a natureza e com Deus; é gerar uma *koinonia* inter-humana, cósmica e trinitária" (CODINA, 2008, p. 162). Portanto, evangelizar é criar, pelo amor, essa "*koinonia* inter-humana, cósmica e trinitária". Essa comunhão fraterna se fundamenta na paternidade comum.

Personalização da fé. A sociedade está marcada por incertezas, carente de referências fortes que facilitem a criação de pertença. O sujeito pós-moderno se encontra no epicentro de um turbilhão de propostas de sentido e, para se tornar ator da própria vida, tem que construir o próprio horizonte de significados, decidindo-se sobre o que verdadeiramente deseja ser. O cristianismo herdado como herança cultural perdeu força, uma vez que a cultura deixou de ser transmissora da fé cristã. O substrato social e cultural não emana mais do cristianismo. O contexto se tornou secularizado, pluralista e plurirreligioso. Cada pessoa precisa encontrar seus caminhos, fazer suas opções e construir suas próprias convicções. Evangelizar supõe criar condições para a personalização da fé e para a fé adulta.

Segundo Velasco, "é necessário passar de um cristianismo impessoal, sociológico, de massa a um cristianismo pessoalmente assumido; de uma fé passiva a uma fé ativa; de um catolicismo praticante, feito de ritos e práticas cumpridas por obrigação social a um cristianismo confessante" (VELASCO, 1993 p. 275). Segundo França Miranda, "a crise de fé em nossos dias não deixa de ser também uma interpelação à Igreja para uma autêntica mistagogia. O coração da comunidade de fé está na mística, na comunhão com o Deus vivo e entre si por parte de seus membros" (MIRANDA, 2009, p. 230). A passagem de um cristianismo herdado a um cristianismo pessoalmente assumido exige maturidade na fé e superação de modelos pastorais mágico-supersticiosos e devocionismos vazios. Santa Teresa de

Ávila afirmava: "De devoções bobas, livre-nos Deus". Aliás, uma das tarefas do presbítero consiste em ajudar os cristãos a terem uma fé adulta e consistente. "Pouco aproveitarão as cerimônias ainda que belas, as associações mesmo florescentes, se não se orientarem a educar os homens à maturidade cristã" (PO 6).

Daí a importância do lugar da experiência na existência cristã. A familiaridade com o mistério cristão não brota da transmissão da doutrina. Não bastam teorias sobre o Deus. O discurso ortodoxo se mostra insuficiente. "Por vezes, mesmo ouvindo uma linguagem totalmente ortodoxa, aquilo que os fiéis recebem, devido à linguagem que eles mesmos utilizam e compreendem, é algo que não corresponde ao verdadeiro Evangelho de Jesus Cristo" (EG 41). É equivocado partir do pressuposto segundo o qual seria suficiente explicar as verdades cristãs às pessoas para que vençam a ignorância religiosa. Há formas errôneas de evangelizar, segundo o Papa Francisco, porque são formas exteriores, que não tocam o coração das pessoas e não criam convicções profundas. Cabe aos presbíteros evitá-las: o exibicionismo na liturgia, na doutrina e no prestígio da Igreja; o mundanismo atrás do fascínio pelas conquistas sociais e políticas; a vanglória ligada à gestão de assuntos práticos; o funcionalismo empresarial, carregado de estatísticas, planificações e avaliações. Em tudo isso a prioridade não é o Evangelho, o povo de Deus e as reais demandas da história. Essas atitudes revelam autocomplacência egocêntrica (EG 95). O mais importante é a experiência do Cristo vivo presente pelo Espírito Santo. O ensinamento da doutrina não deve prescindir da atitude evangelizadora que provoque a adesão do coração com a proximidade, o amor e o testemunho (EG 42).

A evangelização autêntica provoca a apropriação pessoal do mistério de Cristo. A espiritualidade (experiência) desponta, pois, como desafio à nossa ação evangelizadora. O cristianismo se configura, antes de tudo, como Evangelho e não como moral;

está centrado na pessoa de Jesus Cristo e não em doutrinas sem rosto. Esse é um dado essencial de onde parte a ação pastoral e evangelizadora da Igreja. Espiritualidade "é a fé vivida, feita experiência. É a *fides quae* (dogma ou mistério) que se faz *fides qua* (vivência ou mística)" (BOFF, 2017, p. 63). A existência cristã supõe mergulho na *beleza do amor salvífico de Deus* que brota do mistério pascal de Cristo e nos chega pelo Espírito. Santo Afonso afirma: "Toda santidade e toda a perfeição de uma pessoa consiste em amar a Jesus Cristo, nosso Deus, nosso Salvador" (SANTO AFONSO, 2008, p. 11). Amor pede amor, é a lógica seguida pelo santo, pois Deus se deu a nós no Filho e no Espírito para cativar o nosso amor.

A missão brota do encontro amoroso com o Senhor Ressuscitado. Como entender, pois, a relação entre pastoral e espiritualidade? "A pastoral dimana da espiritualidade. É uma consequência lógica, um resultado como que necessário, um fruto esperado da espiritualidade. De fato, toda fé é fecunda, todo amor move, toda vida se expande" (BOFF, 2017, p. 65). A evangelização começa com a indispensável experiência do encontro pessoal com Jesus Cristo, sobre o qual o Documento de Aparecida dedica vários números (DAp 243-265). A própria iniciação à vida cristã precisa conduzir sempre ao "encontro pessoal, cada vez maior, com Jesus Cristo (DAp 289). A comunhão com Deus em Cristo pelo Espírito se revela o coração da espiritualidade cristã e dela brota a evangelização porque "suscita uma nova vida e um novo modo de agir, seja ele ético, pastoral ou militante" (BOFF, 2017, p. 66). O testemunho dos grandes evangelizadores atesta que o amor de Cristo está na origem da missão, como afirma o Apóstolo Paulo, que se fez evangelizador e servo por amor a Jesus Cristo (cf. 2Cor 4,5; 5,14). Para João, a experiência do encontro com Cristo precisa ser comunicada, testemunhada: "o que ouvimos, o que vimos com os nossos olhos, o que contemplamos, o que nossas mãos apalparam do Verbo da vida – porque a Vida manifestou-se – nós a vimos e dela damos testemunho" (1Jo 1,1).

3.4 Evangelização e Eucaristia

Conhecemos a centralidade da Eucaristia para a vida da Igreja, enquanto memorial da Páscoa de Cristo. A evangelização não se reduz ao culto e à liturgia, pois inclui anúncio da Palavra e prática da caridade, o que envolve aspectos pessoais e sociais da existência humana. Mas a evangelização e a iniciação cristã tendem à celebração dos sacramentos, que são "a manifestação do mistério de Cristo em gestos sensíveis através da atuação da Igreja por intervenção do Espírito Santo" (TABORDA, 2013, p. 14). Evangelizar significa anunciar a salvação a fim de que o único verdadeiro Deus e aquele que Ele enviou, Jesus Cristo, sejam conhecidos por todos os homens (SC 9).

Conhecer Cristo supõe participar de seu mistério pascal, mormente pela liturgia, apresentada pelo Vaticano II como "cume para o qual tende a ação da Igreja e, ao mesmo tempo, fonte de onde emana toda sua força" (SC 10). A conversão que brota da evangelização e da iniciação cristã se expressa na liturgia, sobretudo na Eucaristia, na qual celebramos a salvação prometida por Deus e plenamente realizada em Jesus Cristo (SC 5). Essa salvação se faz presente historicamente na Igreja e se realiza em sua liturgia (SC 6), pois nela o próprio Cristo atua (SC 7), antecipando a liturgia celeste (SC 8). O mistério pascal – morte e ressurreição – resume toda a vida de Jesus e se constitui como ápice da história da revelação e da salvação histórica de Deus. O sacrifício de Jesus na cruz foi realizado uma vez por todas. O que Ele buscou realizar em sua vida terrena, através da pregação do Reino, cumpriu-se em sua morte na cruz, na qual se entregou ao Pai por nós.

A celebração eucarística se constitui por duas mesas: a da Palavra e a da Eucaristia. A salvação anunciada na Palavra se realiza na Eucaristia. A missão de Cristo se prolonga na Igreja, que anuncia Cristo, no seu mistério pascal, como salvação dos homens e do mundo. Sua missão nada mais é do que introduzir os seres humanos na salvação de Jesus Cristo. Não se trata de anunciar teoricamente um evento histórico do passado. A Igreja realiza aqui e agora a salvação que anuncia. A Palavra da salvação que anunciamos nos prepara para mergulharmos no mistério pascal de Cristo, o que acontece nos sacramentos. O que a Palavra proclamou se efetiva no mistério, realizando-se pelo sacramento (TABORDA, 2013, p. 17-18). O Cristo total – cabeça e membros – age na liturgia (SC 7). Cristo associa a si os membros da Igreja e se dirige ao Pai para glorificá-lo e santificar a humanidade. A liturgia é exercício do sacerdócio de Cristo, mediador entre Deus e os homens.

Jesus, na última ceia, no contexto daquela celebração judaica (cf. Lc 22,15-18; Jo 6,4.51.54.58; 1Cor 10,21; 11,20.23.27), memorial da libertação do povo de Israel do Egito (cf. Ex 12,14; 13,3.9; Dt 16,3), nos deixou o memorial do seu sacrifício, para que a Igreja de todos os tempos viva de modo incessante o dom de sua páscoa. Ele antecipou, na quinta-feira, o seu sacrifício na cruz, dando à sua morte significado salvífico. Surpreendeu os seus apóstolos, transformando o pão e o vinho em seu corpo e sangue, ou seja, sua vida que seria entregue na cruz para a salvação da humanidade. Jesus deixa a ordem de celebrar para sempre o memorial de sua morte salvadora, de seu sacrifício na cruz, para que seja sempre atual o único acontecimento determinante da história: seu mistério pascal, sua morte e ressurreição para a salvação de todos. Os presbíteros não devem jamais se esquecer de que Jesus, na última ceia, deu aos doze ali reunidos (cf. Mc 14,17; Mt 26,20; Lc 22,14) o encargo de celebrar o seu memorial: "Fazei isto em memória de mim" (1Cor 11,24;

Lc 22,19). Há, portanto, estreito vínculo entre Eucaristia e Sacramento da Ordem. "Na vigília de sua morte, Jesus instituiu a Eucaristia e fundou o sacerdócio da Nova Aliança. Jesus é sacerdote, vítima e altar: mediador entre Deus e o povo (cf. Hb 5,5-10)". Quando o presidente diz "isto é o meu corpo" e "este é o cálice do meu sangue", o faz sempre em nome de Cristo e na pessoa de Cristo (SCa 23). Nessa celebração do memorial do seu sacrifício, o próprio Cristo fala e age por meio do sacerdote (cf. 2Cor 5,20) (SC 33; PO 13).

A Igreja realiza a ação litúrgica. Sob a presidência do ministro, toda a assembleia celebra as ações litúrgicas, uma vez que são celebrações da Igreja (SC 26). A função do ministro, no entanto, é indispensável, porque cabe a ele a presidência na celebração da Eucaristia, para expressar que na Igreja há diferentes funções e ministérios. O ministro pertence à Igreja enquanto cristão. Está no meio da comunidade, mas também diante dela, enquanto associado a Cristo cabeça e pastor. Sua função não é, portanto, a de um showman ou a de um animador de auditório. Toca-lhe ajudar a assembleia a penetrar no mistério celebrado, apropriando-se dele, encontrando Cristo na assembleia, na Palavra, no pão e vinho tornados corpo e sangue do Senhor. Sua função é mistagógica, ou seja, a de introduzir a comunidade no mistério pascal de Cristo. Claro que a comunidade deve participar, mas tal participação não exige a criação de "novos ritos". A movimentação exterior não significa assimilação do mistério. O mais importante deve partir de dentro. Os ritos devem expressar a vida interior de quem preside e da comunidade. Não há assimilação sem silêncio (TABORDA, 2013, p. 36-37).

Bento XVI afirma na exortação apostólica *Sacramentum Caritatis*:

> Durante os trabalhos sinodais, foi várias vezes recomendada a necessidade de superar toda e qualquer separação entre a arte de celebrar [...] e a participa-

ção plena, ativa e frutuosa de todos os fiéis. Com efeito, o primeiro modo de favorecer a participação do povo de Deus no rito sagrado é a condigna celebração do mesmo (SCa 58).

O Concílio valoriza a participação "consciente, ativa e frutuosa" (SC 11), tanto "interna como externa" (SC 19). Mas participação ativa, nos lembra Bento XVI (SCa 52), não quer "aludir à mera atividade exterior durante a celebração, na realidade, a participação ativa desejada pelo Concílio deve ser entendida em termos mais substanciais, a partir de uma maior consciência do mistério que é celebrado e da relação com a vida cotidiana". Assim,

> o surgimento quase teatral de atores diferentes, a que hoje se assiste sobretudo na preparação das ofertas, passa muito simplesmente ao lado do essencial. Se cada um dos atos exteriores (que por si não são muitos, e que, artificialmente, são aumentados em número) se torna o essencial da liturgia, e ela é degradada em um agir genérico, então é ignorado o verdadeiro *teodrama* da liturgia, o qual, ao contrário, é reduzido a uma paródia (RATZINGER, 2017, p. 146).

Paródia significa a vulgarização das celebrações, que perdem o sentido do mistério, da beleza. O teodrama da liturgia tem a ver com a mistagogia. O mistério celebrado pessoal e comunitariamente assimilado. Essa é a participação frutuosa que O Vaticano II propõe. Se a liturgia é *opus Dei*, participar da liturgia só pode significar deixar-se levar para dentro do agir salvífico de Deus. Quanto ao presidente, não deve se colocar em primeiro plano sua pessoa e opiniões pessoais, agindo como protagonista da celebração da ação litúrgica, porque nisso consiste a transformação da liturgia em paródia. O protagonismo é sempre de Jesus Cristo, por isto o protagonismo dos presbíteros contradiz a identidade sacerdotal, que faz do presbítero servo e sinal de Cristo, alguém que aponta sempre para o próprio Cristo (SCa 23). O protagonismo do presidente na liturgia acaba sendo, também, uma forma sutil de clericalismo que infantiliza os fiéis.

Por fim, só há uma resposta à pergunta *por que comungamos*: a presença real de Jesus na sua entrega pascal nos foi dada, em primeiro lugar, não para recebê-lo no coração, que seria motivo egoísta, interesseiro e até mesmo, em certos casos, mágico--supersticioso, como se Jesus na Eucaristia fosse um amuleto da sorte. A Eucaristia foi instituída para que a comêssemos, para que fôssemos transformados em Cristo, enquanto seu corpo eclesial e escatológico. A transubstanciação do pão e do vinho em corpo e sangue de Cristo acontece em vista de nossa transubstanciação em seu corpo, o que traz consequências éticas para nossa vida. Ao entrarmos na Igreja, conosco levamos as alegrias e angústias do mundo para inseri-las em nossa relação com Deus e com aqueles com os quais celebramos. Ao sair da Igreja, o que celebramos se expressará em compromissos concretos com a transformação do mundo em Reino de Deus. A morte e a ressurreição de Jesus na qual somos imersos em cada Eucaristia e que nos torna "um só corpo" nos faz descobrir o sentido profundo da vida cristã: o amor a Deus se expressa no amor ao irmão. Cristo morreu e ressuscitou por amor; deixando o memorial de seu sacrifício, Ele nos imerge nele, nos transforma em seu corpo para que amemos como Ele amou e construamos o seu reino de fraternidade, paz, justiça, misericórdia e liberdade (GIRAUDO, 2014, p. 48-58).

Dom Helder, para quem a celebração da Eucaristia era o ponto alto do seu dia, afirmava: "receber Cristo, para mim, vale na medida em que, ao receber a Cristo que se fez nosso irmão, nós entramos em comunhão com todas as criaturas. Se eu deixar uma de fora [...] a comunhão está ferida. Já não é plena comunhão" (RAMPON, 2013, p. 329). E dizia ainda: "Não nos contentamos com uma renovação litúrgica que faça apenas mudanças do altar e uma maior participação dos fiéis nos cantos e orações: queremos que a liturgia apoie e aprofunde a catequese, elevando os humildes e arrasando o egoísmo dos poderosos" (RAMPON, 2013, p. 343-344). Segundo Francisco, até a liturgia se torna mundana quando não transforma as pessoas e o mundo.

> Esse mundanismo manifesta-se em muitas atitudes, aparentemente opostas, mas com a mesma pretensão de "dominar o espaço da Igreja". Em alguns, há um cuidado exibicionista da liturgia, da doutrina e do prestígio da Igreja, mas não se preocupam que o Evangelho adquira uma real inserção no povo fiel de Deus e nas necessidades concretas da história (EG 95).

A Eucaristia faz memória do mistério pascal de Cristo. O desafio que sua celebração nos apresenta se encontra na mistagogia e na conversão: a imersão no mistério de Cristo desde o que somos e vivemos em vista da construção do Reino. Deveríamos sempre nos perguntar: O nosso modo de celebrar favorece ou não a mistagogia? Será que os gestos, os novos ritos, as palmas, a movimentação exagerada, as procissões que são às vezes introduzidos na celebração nos levam a participar da Eucaristia com nossa interioridade? O excesso de criatividade ou de rubricismo não nos faz permanecer na superfície dos gestos, ritos, orações, desviando-nos do que devemos fazer em cada Eucaristia, que é atualizar a obra salvífica de Cristo, para glorificação do Pai pela ação do Espírito, porque assim somos santificados? Em toda Eucaristia, vamos ao Pai, pelo Filho no Espírito. A assimilação pessoal desse mistério constitui o elemento crucial da celebração para que dê frutos de transformação em nossa vida e na vida do mundo (TABORDA, 213, p. 36-37).

Julgamos tranquilizante esperar de Deus intervenções extraordinárias, mas nos enganamos. Deus não nos quer espectadores, mesmo que admirados, de seu agir. Ele nos deu olhos para ver, ouvidos para ouvir, mãos para atuar. Nossos olhos devem ser olhos com que Deus vê as necessidades, nossos ouvidos, os ouvidos com que Deus escuta os lamentos, nossas mãos, as mãos de que Deus se serve para vir em socorro. Por isso em nossas Eucaristias pedimos sua ajuda, para ter o que dar, mas sobretudo para obter dele a atenção e a sensibilidade indispensáveis para pormos cada dia mãos à obra (GIRAUDO, 2014, p. 47-48).

3.5 O presbítero e o serviço da misericórdia

> *A sinceridade só começa quando se entende o mistério da fraqueza humana; quando se sabe que a misericórdia divina tem motivos para querer-nos eternamente frágeis; quando se aceita a condição humilde de criatura vinda do barro, e ao barro voltada. Aí, começam a cair as máscaras, o palco se torna inútil, porque se pode, enfim, ser fraco entre os fracos, criatura entre as criaturas...*
> *(Dom Helder)*

Misericórdia e perdão são termos essenciais nas Sagradas Escrituras. O amor misericordioso de Deus se encontra no início da criação, pois Ele cria por amor, e está na sua realização final, porque as criaturas serão plenificadas pelo amor. Entre o começo e o término da história da salvação, há o amor de Deus que trata cada ser humano com misericordiosa benevolência. Deus cria para a salvação e, em vista disto, faz definitiva aliança com o ser humano. Contingências históricas não demovem Deus de seu propósito salvador. O povo escolhido é um povo pecador, mas seu pecado não desalenta Deus, ao contrário, confirma sua decisão salvadora. A iniciativa salvífica será sempre gratuita e vai se exercer desde o nada, ou seja, a salvação não recompensa méritos, apenas agracia o ser humano com a amizade de Deus. A eleição é dom gratuito (cf. Dt 7,6-8; 9,4-6; 10,14-15) e evidencia o mistério de um amor terno, benevolente e incalculável (RUIZ DE LA PEÑA, 1991, p. 201-203).

O Antigo Testamento nos transmite a imagem de um Deus sempre inclinado ao perdão: "*Iahweh! Iahweh*. Deus de ternura e de piedade, lento para a cólera, rico em graça e fidelidade" (Ex 36,6). A história do povo é marcada pela contínua transgressão da Aliança, por um lado, e pela fidelidade de Deus, por outro, que não volta atrás em seu desígnio salvífico e não desiste de tratar com benevolência e bondade o seu povo. "Meu coração se contorce dentro de mim, minhas entranhas comovem-se. Não executarei o ardor da minha ira, porque eu sou Deus e não um homem, eu sou o santo no meio de ti, não retornarei com furor" (Os 11,8-9). Os salmos louvam o perdão e a bondade de Deus. "Bendize a *Iahweh*, ó minha alma, e não esqueças nenhum de seus benefícios. É ele quem perdoa todas as tuas faltas e cura todos os teus males. É ele quem redime tua vida da cova e te cora de amor e compaixão" (Sl 103,2-4). "Eterna é a sua misericórdia" ou "o seu amor é para sempre" é a frase que ressoa repetidamente no Sl 136. A misericórdia de Deus garante que os acontecimentos do Antigo Testamento carregam valor salvífico profundo, fazendo da história de Israel uma história de salvação (MV 7).

Em Jesus o amor de Deus se humaniza. Ele é o amor de Deus feito carne. "É o rosto da misericórdia do Pai. O mistério da fé cristã parece encontrar nestas palavras a sua síntese. Tal misericórdia tornou-se viva, visível e atingiu o seu clímax em Jesus de Nazaré" (MV 5). Os traços fundamentais do Reino de Deus que Jesus anuncia são o perdão e a misericórdia, os quais caminham juntos com o apelo à conversão; os mesmos têm a primazia na pregação de Jesus: "Cumpriu-se o tempo e o Reino de Deus está próximo. Arrependei-vos e crede no Evangelho" (Mc 1,15). Apropriando-se das palavras de Isaías, Jesus afirma que veio para proclamar um ano da graça do Senhor, um jubileu definitivo (cf. Lc 4,19). Ele busca os pecadores e as pecadoras, convidando-os a se tornarem seus seguidores (cf. Mt 2,13-17). Faz refeição com os pecadores (Mt 11,19). Contrapõe-se a quem deseja justificar-se a si mesmo orgulhosamente e despreza os outros, como o fariseu da parábola. O publicano, ao admitir seu pecado, volta para casa justificado (cf. Lc 18,9-14). A mensagem da misericórdia se cristaliza em parábolas inesquecíveis como a da ovelha e da dracma perdidas e, principalmente, na do filho pródigo ou do Pai misericordioso. Nessas parábolas, Jesus revela o verdadeiro rosto de Deus, que é "um Pai que nunca se dá por vencido enquanto não tiver dissolvido o pecado e superado a recusa com a compaixão e a misericórdia (MV 9). "Haverá mais alegria no céu por um só pecador que se arrepende, do que por 99 justos que não precisam de arrependimento" (Lc 15,7). Ele veio para os doentes: "Não são os que têm saúde que precisam de médico, mas os doentes. Eu não vim chamar justos, mas pecadores" (Mc 2,17).

Escribas e fariseus querem condenar a adúltera em nome da Lei (cf. Jo 8,1-11) que, na verdade, foi dada para proteger a vida. Ela pode, no entanto, tornar-se instrumento de condenação. Em nome dela, os que deveriam ser justos se transformam em justiceiros, desprezando e matando em nome da justiça e da boa consciência. Jesus restaura o sentido mais genuíno da Lei mosaica: é uma regra de vida e não sistema que mata e condena. Ele se apresenta como verdadeiro legislador que quer a Lei a serviço da vida. Se fosse feita para condenar, quem escaparia? Ela não existe para condenar os pecadores, que todos somos, mas para promover a vida. Jesus não perdoa a mulher adúltera, vai além, não a condena e lhe oferece uma regra de vida: "Mulher, onde estão eles? Ninguém te condenou? Disse ela: Ninguém, Senhor. Disse, então, Jesus: Nem eu te condeno. Vai, e de agora em diante não peques mais" (Jo 8,10-11).

Perdoar pecados pertence ao ministério de Jesus: "Filho, os teus pecados estão perdoados" (Mc 2,5). Essa atitude atraiu a ira dos escribas que o consideraram culpado de blasfêmia: "Por que está falando assim? Ele blasfema! Quem pode perdoar pecados a não ser Deus?" (Mc 2,7). O mistério pascal de Jesus reconcilia a humanidade com Deus porque a oferta do Filho ao Pai na cruz perdoa os pecados dos seres humanos: "Cristo morreu por nossos pecados, segundo as Escrituras" (1Cor 15,3). Vítima do pecado, sem ser pecador, morre para salvar os pecadores: "Aquele que não conhecera o pecado, Deus o fez pecador por causa de nós, a fim de que, por ele, nos tornemos justiça de Deus" (2Cor 5,21; cf. Hb 4,15-16).

> O perdão é o sinal mais visível do amor do Pai, que Jesus quis revelar em toda sua a vida. Não há página do Evangelho que possa ser subtraída a esse imperativo do amor que chega até o perdão. Até nos últimos momentos de sua existência terrena, ao ser pregado na cruz, Jesus tem palavras de perdão: "Pai, perdoa-lhes. Eles não sabem o que fazem" (FRANCISCO, 2016, p. 8).

Os Atos dos Apóstolos narram que os apóstolos permaneceram fiéis à mensagem de Jesus, anunciando a todos o perdão dos pecados após a páscoa (cf. At 2,38; 5,31; 10,43; 13,38; 26,18). O batismo perdoa pecados (cf. At 2,38; Rm 6,1-11). Mas e se o batizado recair em pecado? Essa pergunta surgiu muito cedo, e o Sacramento da Reconciliação emerge da necessidade de reconciliar batizados que recaem em pecados. Não obstante as transformações históricas desse sacramento, seus aspectos essenciais estão presentes desde o início, como resultado da própria experiência pascal. Jesus ressuscitado, ao se manifestar aos seus discípulos, sopra sobre eles e diz: "Recebei o Espírito Santo. Aqueles a quem perdoardes os pecados, ser-lhe-ão perdoados; aqueles aos quais retiverdes ser-lhe-ão retidos" (Jo 20,22-23). Segundo Paulo, Deus mesmo nos reconciliou com Ele por meio de seu Filho (cf. Rm 5,10). Tal reconciliação precisa se tornar realidade na história e produzir efeitos concretos (KASPER, 2008, p. 99). Todos os batizados estão a serviço da grande tarefa da reconciliação dos seres humanos entre si e com Deus, para que produza efeitos como paz, concórdia, fraternidade, liberdade. O Reino de Deus encontra na reconciliação uma imagem perfeita. Deus nos quer reconciliados com Ele, com os irmãos e com o cosmos.

A misericórdia é celebrada, de modo particular, no Sacramento da Reconciliação, da qual o presbítero é ministro para fazer chegar às pessoas a graça pascal do perdão. Trata-se do momento em que somos abraçados pelo Pai que deseja nos restituir a graça e restaurar nossa condição filial. O perdão e a reconciliação transformam a graça em misericórdia. Nossa realidade de pecadores nos abre à compreensão do amor imenso de Deus e nos faz experimentar a conversão, cujo fruto se encontra na caridade vivida, pois "o amor cobre uma multidão de pecados" (1Pd 4,8). O perdão de Deus nos faz perdoar quem nos ofende (cf. Mt 6,12), a expressar, pois, em gestos, a conversão que a misericórdia provoca em nosso coração (FRANCISCO, 2016, p. 21-22). Acolher com afeição, mostrando-se compreensível e empático, faz parte do serviço sacerdotal à misericórdia de Cristo. A empatia significa "pôr-se no lugar do outro", para compreendê-lo a partir de sua situação e seus próprios paradigmas. A dureza de coração do presbítero quebra a empatia, causando escândalo nos fiéis. Os misericordiosos são bem-aventurados (cf. Mt 5,7). A misericórdia, para Jesus, vale mais do que o sacrifício (cf. Mt 9,13; 12,7).

O Papa Francisco afirma: "a misericórdia não se pode reduzir a um parêntese da vida da Igreja, mas constitui a sua própria existência, que torna visível e palpável a verdade profunda do Evangelho" (FRANCISO, 2014, p. 6). São João Maria Vianney se destacou nesse serviço, trazendo novo fervor à sua comunidade paroquial, marcada pela indiferença religiosa. O presbítero, a serviço do perdão e da misericórdia, precisa, portanto, encontrar tempo para a celebração desse sacramento, preparando-se para ele pela oração e o estudo, pois só assim estará à altura das atuais demandas de nosso povo. Além do perdão, muitas vezes será preciso escutar com paciência e aconselhar com sabedoria. Tal serviço emerge como urgência para levar-nos ao essencial do Evangelho: "É o tempo do regresso ao essencial, para cuidar das fraquezas e das dificuldades dos nossos irmãos. O perdão é uma força que ressuscita para nova vida e difunde a coragem para olhar o futuro com esperança" (MV 10). A missão da Igreja é anunciar a misericórdia, pois essa é o "coração pulsante do Evangelho, que por meio dela deve chegar ao coração e à mente de cada pessoa. A Esposa de Cristo assume o comportamento do Filho de Deus e vai ao encontro de todos sem excluir ninguém" (MV 12).

Para o Papa Francisco, torna-se imprescindível que os confessores sejam verdadeiros sinais da misericórdia e se preparem para isto, iniciando pelo reconhecimento da própria necessidade do perdão e da misericórdia. Só assim estarão em condições de continuar a missão de Jesus, garantindo a continuidade de um amor que perdoa e salva. O Espírito foi dado ao presbítero para que perdoe em nome do Senhor, servindo ao povo de

Deus. O pai da Parábola do Filho Pródigo se torna referência para o confessor quanto à acolhida. O pai corre ao encontro do filho que retorna após haver dissipado seus bens numa vida dissoluta. Cabe ao confessor acolher com alegria o filho que retorna sem fazer perguntas impertinentes ou desnecessárias. O mais importante é identificar o desejo do perdão no penitente e ser sinal do primado da misericórdia (MV 17).

Segundo Santo Afonso, padroeiro dos confessores e moralistas, o confessor é pai, médico, mestre e juiz. Enquanto pai, recebe com bondade, escuta com mansidão e, se precisar repreender, o faz sem causar dano ao penitente, sem ofendê-lo, mas para o seu bem. A confissão é um serviço aos pecadores que, em quaisquer circunstâncias, devem ser recebidos cordialmente, pois a alegria do confessor é ajudar o penitente. Como médico, cabe-lhe conhecer e entender as causas do pecado do fiel para indicar o remédio adequado para aquela situação. O santo critica penitências exageradas, que ignoram a situação da pessoa. A boa penitência é a que se mostra proveitosa para a recuperação da saúde espiritual. Como mestre, o desafio é saber adaptar os princípios da moral aos casos particulares, ou seja, fazer a verdade salvífica ressoar na vida do penitente. Conhecer os princípios gerais da moral não basta, é preciso entender quais princípios se adequam a cada caso particular, dependendo das circunstâncias. O estudo aprofundado da teologia moral prepara para o exercício desse ministério. Hoje ele acrescentaria a necessidade de um razoável conhecimento da psicologia e de outras ciências para a compreensão das situações concretas. Enquanto juiz, o confessor não condena, também não faz perguntas movido pela curiosidade. Seu desejo é sempre servir melhor. Como representante de Cristo juiz, confronta o penitente com a obra salvadora de Jesus Cristo, que veio para salvar e não para condenar (cf. Jo 3,16-21), lembrando que a justiça na Sagrada

Escritura é a fidelidade de Deus às suas promessas, portanto ela se identifica com a misericórdia. O importante é ajudar o fiel a discernir o que corresponde mais ao amor de Deus e ao próximo. O reconhecimento da bondade e misericórdia de Jesus desperta no penitente o desejo de se voltar para ele de maneira mais decidida. A motivação autêntica da conversão se encontra no amor de Deus manifestado em Jesus Cristo (SANTO AFONSO, 1952).

O Papa Francisco propõe que sejam julgados os atos objetivos, mas não a responsabilidade e a culpa, seguindo o modelo evangélico (cf. Mt 18,15; Lc 6,37), afinal, "a vida em graça é um mistério que ninguém pode conhecer plenamente a partir do exterior" (EG 172). O papa convida os pastores a não se esquecerem de que o Catecismo da Igreja Católica (1735) afirma que "a imputabilidade e a responsabilidade de um ato podem ser diminuídas, e até anuladas, por ignorância, inadvertência, violência, medo, hábitos, afeições desordenadas e outros fatores psíquicos ou sociais". Por causa disto, é preciso saber acompanhar com paciência o itinerário de crescimento das pessoas. Jamais o confessionário deveria se tornar uma câmera de tortura, dado que é o lugar da misericórdia, onde as pessoas são sempre incentivadas a fazer o bem possível. No meio de limitações, a pessoa, às vezes, consegue dar passos significativos e isso pode agradar mais a Deus do que a vida correta de quem não enfrenta tantas dificuldades. O amor salvífico de Deus é sempre estímulo ao crescimento e age em cada pessoa, para além de seus defeitos e quedas (EG 44).

> Mesmo quando a vida de alguém tiver sido um desastre, mesmo que o vejamos destruído pelos vícios ou dependências, Deus está presente na sua vida. Se nos deixarmos guiar mais pelo Espírito do que pelos nossos raciocínios, podemos e devemos procurar o Senhor em cada vida humana (GE 42).

Não se trata, no entanto, de negar a objetividade dos princípios da moral, mas reconhecer que situações que não dependem da vontade da pessoa dificultam e obstaculizam a prática dos princípios. Por isto faz sentido apelar para a "lei da gradualidade". Esse princípio leva em conta a dinâmica e historicidade da pessoa, que jamais existe em abstrato, como se fosse um ser estático, que não progride pouco a pouco nos caminhos de Deus. Tal princípio moral ajuda a acompanhar quem se mostra incapaz de compreender e de praticar plenamente as exigências objetivas da norma. A lei é dom de Deus e indica o caminho a ser percorrido com a força da graça, mas sua assimilação acontece dentro do processo de crescimento rumo às exigências definitivas e absolutas do amor de Deus (AL 295). Diante de situações irregulares, o caminho da Igreja jamais deverá ser o da condenação, mas o da oferta da misericórdia de Deus a todos que a pedem com coração sincero. Evitem-se, portanto, julgamentos que não levem em conta a complexidade das diversas situações e as condições reais das pessoas. O papa assevera que "ninguém pode ser condenado para sempre, porque esta não é a lógica do Evangelho". Para muitos casos, será necessário profundo discernimento pessoal e pastoral (AL 295-297).

À luz do que afirma o papa na sua exortação apostólica sobre a família, o desafio que se impõe ao confessor se encontra na passagem dos princípios universais, que representam um bem evidente, aos casos particulares. Aliás, como já advertia Santo Afonso: "Mais que evitar o perigo do pecado material, deve-se evitar o do pecado formal" (SANTO AFONSO, 1952, p. 53). Para nosso doutor, os atos humanos obedecem a duas regras: uma remota e outra próxima. A remota é a material, que se identifica com a lei divina. A próxima, ou formal, é a consciência, que busca se conformar com a lei divina. Acontece, no entanto, que a bondade ou malícia de determinada ação depende sempre da apreensão da consciência. Se a lei não tiver sido claramente assimilada pela consciência, a gravidade do pecado será atenuada ou inexistirá. A decisão moral, em última instância, pertence à consciência sustentada pela graça de Deus em atenção à lei moral. Afonso diferencia pecado material de pecado formal. O pecado material diz respeito à materialidade do ato em relação à lei, o pecado formal tem a ver com a consciência da pessoa em uma determinada situação. E hoje a ciência nos provou, mormente as psicológicas, que o ser humano é abismo profundo. Sem negar que haja leis morais objetivas, é preciso considerar a dimensão subjetiva – e determinante – da vida das pessoas. É a partir da situação real e histórica dos fiéis que compreenderemos melhor suas fragilidades e limites. A gravidade de um ato depende da real liberdade da pessoa e da assimilação que a consciência faz da norma objetiva.

Para o padroeiro dos confessores e moralistas, a moral existe para ajudar o cristão a fazer um caminho de verdadeira conversão, não para coagi-lo a ser mero cumpridor da lei. Entre a ação moral e os princípios objetivos, existe a consciência, sempre histórica, a partir da qual a pessoa age. Essa precisa ser formada, do contrário poderá ser, inclusive, errônea, o que atenua ou até cancela a culpabilidade. A verdade salvífica existe para ajudar as pessoas, pois o Verbo, ao se fazer carne, revelou e realizou a misericórdia de Deus para com o ser humano. Afonso diz algo que, para alguns, soará avançado ainda hoje. Nas questões morais não bastam apenas os princípios em sua formulação precisa e clara. É preciso considerar a realidade concreta das pessoas para o discernimento das consciências. Diante de uma ignorância inculpável, às vezes é melhor deixar a pessoa em sua boa-fé. O santo chega a afirmar que aquele que age seguindo uma consciência invencivelmente errônea não apenas não peca, mas provavelmente adquire méritos (MAJORANO, 2018, p. 65-75).

O excesso de rigor não ajuda as pessoas. Santo Afonso descobriu na prática que as circunstâncias concretas exigem o abrandamento da lei, cujo valor sempre permanece. Sua conversão pastoral se caracteriza pela passagem do rigorismo moral aprendido no Seminário de Nápoles para o pastoreio junto aos mais pobres e abandonados. Ele descobriu que as normas gerais não eram suficientes para solucionar casos particulares, ao contrário, elas podiam até mesmo gerar medo, culpabilidade e desespero. Enquanto missionário, Afonso buscava ajudar os fiéis a fazer um caminho de crescimento ético-espiritual, partindo das situações vividas rumo à verdade salvífica. E o fundamento do agir moral para o santo doutor foi sempre o amor de Deus manifestado no Verbo encarnado, o amor encarnado de Deus (THOMASSET & GARRIGUES, 2017, p. 102-103). Afinal, o Verbo, sendo Deus, se fez homem; sendo grande, se fez pequeno; sendo Senhor, se fez servo; sendo rico, se fez pobre; sendo inocente, se fez réu; sendo sublime, se fez humilde; sendo seu, se fez nosso. Esse amor excessivo de Deus inspira confiança na sua bondade e misericórdia (SANTO AFONSO, 1939, p. 25-120). Santo Afonso centra sua teologia e espiritualidade no amor de Deus que, através de Jesus Cristo, busca o coração dos seus filhos e deseja ser amado por eles (SANTO AFONSO, 2008). Jesus revela que Deus é o pai do filho pródigo, sempre pronto a perdoar. Os princípios da teologia moral, embora válidos e necessários, não são seu critério, porque ele é amor, misericórdia, benevolência. Os princípios apontam a direção, mas, quando aplicados de maneira fria e matemática, tornam-se insuficientes para ajudar a pessoa no seu caminho de crescimento espiritual.

O Papa Francisco, embora utilize outros termos, resgata essa visão ampla de Santo Afonso, ancorada na rica tradição da Igreja. O papa quer que os ministros do Sacramento da Reconciliação saibam compreender as fragilidades das pessoas, que brotam das circunstâncias particulares e, às vezes, atenuam, ou até anulam o pecado no seu aspecto subjetivo. Ao pastor não basta aplicar leis morais objetivas aos que vivem em situações irregulares como se essas fossem pedras atiradas contra a vida das pessoas. Quem o faz revela um coração fechado que se esconde, às vezes, até mesmo por detrás dos ensinamentos da Igreja. O discernimento se faz indispensável para encontrar os possíveis caminhos de resposta a Deus no meio dos limites. Esse discernimento se revela inevitável na pastoral dos ministros das comunidades. O mais importante é fazer ressoar, em qualquer circunstância, o convite para viver a *via caritatis* (cf. Jo 15,12; Gl 5,14), afinal, a "caridade cobre uma multidão de pecados" (1Pd 4,8) (AL 305-306). Se por um lado os pastores propõem aos fiéis o ideal pleno do Evangelho, por outro demonstram compaixão para com pessoas frágeis, evitando juízos duros e impacientes. O Evangelho nos aconselha a não julgar e a não condenar (cf. Mt 7,1). Só com misericórdia se torna possível entrar em contato com a existência concreta das pessoas e conhecer a força da ternura (AL 308). Eis o belo e profundo conselho de Francisco aos confessores:

> Falem, escutem com paciência e, antes de tudo, digam às pessoas que Deus quer o seu bem. E se o confessor não pode absolver, que explique por que, mas que não deixe de dar uma bênção, mesmo sem absolvição sacramental. O amor de Deus existe também para aquele que não está em condições de receber o sacramento; também para aquele homem ou aquela mulher, aquele jovem ou aquela moça são amados por Deus, são procurados por Deus, desejosos de bênção. Sejam afetuosos com essas pessoas. Não as afastem. As pessoas sofrem. Ser confessor é uma grande responsabilidade. Os confessores têm à sua frente as ovelhas perdidas que Deus ama tanto; se não lhes demonstrarmos o amor e a misericórdia de Deus, afastam-se e talvez nunca mais voltem. Por isso, os abracem e sejam misericordiosos, mesmo que não possam absolvê-los. Deem ao menos uma bênção (FRANCISCO, 2016, p. 47-48).

REFERÊNCIAS

BALTHASAR, H.U. *Solo l'amore è credibile*. Roma: Borla, 1991.

_____. Espiritualidade. In: *Ensayos teológicos I*. Madri: Paulinas, 1964.

BENTO XVI. *Deus caritas est*. São Paulo: Paulinas, 2011.

_____. *Pensamentos sobre o sacerdócio*. São Paulo: Loyola, 2010.

_____. *Sacramentum Caritatis* – Exortação apostólica pós-sinodal. São Paulo: Paulinas, 2007.

BERNARD, C.A. *Teologia spirituale*. Milão: San Paolo, 2002.

Biblia de Jerusalém. São Paulo: Paulus, 2003.

BOFF, C. *Experiência de Deus e outros escritos de espiritualidade*. São Paulo: Paulus, 2017.

BOSSUYT, P. & RADERMAKERS, J. *Témoins de la parole de la grâce* – Actes des Apôtres 2: Lecture continue. Bruxelas: Istitut d'Études Théologiques, 1995.

CARRARA, P.S. *Elevatio entis ad Patrem* – A oração de Jesus e do cristão à luz do mistério pascal na teologia de François-Xavier Durrwell. Belo Horizonte: O Lutador, 2014.

_____. O sofrimento psíquico dos presbíteros – Dor institucional [recensão]. In: *REB*, vol. 72, n. 287, 2012, p. 735-738.

_____. A Igreja e seus ministros – Uma teologia do ministério ordenado [recensão]. In: *REB*, vol. 72, n. 285, 2012, p. 228-232.

CARRARA, P.S. & CARMO, S.M. A teologia como *sapientia fidei*: interfaces entre teologia e espiritualidade. In: *Horizonte*, vol. 12, n. 34, abr.-jun./2014, p. 510-533.

CASTELLANO, J. *Pedagogia della preghiera*: mistagogia pastorale dell'orazione personale e comunitaria. Roma: Teresianum, 1993.

CENCINI, A. *Formação permanente* – Acreditamos realmente? São Paulo: Paulus, 2012.

Compêndio do Vaticano II – Constituições, decretos, declarações. Petrópolis: Vozes, 1968.

Comunidade de comunidades – Uma nova paróquia. Brasília: CNBB, 2015 [Documento da CNBB 104].

CONGREGAÇÃO PARA OS INSTITUTOS DE VIDA CONSAGRADA E AS SOCIEDADES DE VIDA APOSTÓLICA. *Ano da Vida Consagrada: Alegrai-vos* – Carta circular aos consagrados e às consagradas: do magistério do Papa Francisco. São Paulo: Paulinas, 2014.

CONSELHO EPISCOPAL LATINO-AMERICANO. *Itinerário formativo nos primeiros anos do ministério*. Brasília: CNBB, 2018.

Cristãos leigos e leigas na Igreja e na sociedade – Sal da terra e luz do mundo (Mt 5,13-14). Brasília: CNBB, 2016 [Documento da CNBB 105].

Diretrizes gerais da ação evangelizadora da Igreja no Brasil 2015-2019. Brasília: CNBB, 2016 [Documento da CNBB 102].

Documento de Aparecida – Texto conclusivo da V Conferência Geral do Episcopado Latino-Americano e do Caribe, 13-31/05/2007.

FABRIS, R. *Os Atos dos Apóstolos*. São Paulo: Loyola, 1991.

FOSSION, A. *O Deus desejável* – Proposição da fé e iniciação. São Paulo: Loyola, 2015.

FRANCISCO. *Gaudete et Exsultate* – Sobre o chamado à santidade no mundo atual. São Paulo: Paulus, 2018.

_____. *Carta do Papa Francisco ao Cardeal Marc Ouellet, presidente da Pontifícia Comissão para a América Latina* [Disponível em http://w2.vatican.va/content/pt/letters/2016/documents/papa-francesco_20160319_pont-comm-america-latina.html].

_____. *Amoris Laetitia* – Exortação apostólica sobre o amor na família. São Paulo: Paulus, 2016.

_____. *O nome de Deus é misericórdia* – Uma conversa com Andrea Tornielli. São Paulo: Planeta, 2016.

_____. *Misericordia et Misera* – Carta apostólica no término do Jubileu Extraordinário da Misericórdia. São Paulo: Paulus, 2016.

_____. *Misericordiae Vultus* – Bula de proclamação do Jubileu Extraordinário da Misericórdia. São Paulo: Paulus/Paulinas, 2015.

_____. *Evangelii Gaudium* – Exortação apostólica sobre o anúncio do Evangelho no mundo atual. São Paulo: Loyola, 2013.

GAMARRA, S. *Teologia espiritual*. Madri: BAC, 2000.

GIRAUDO, C. *Redescobrindo a Eucaristia*. São Paulo: Loyola, 2014.

GRESHAKE, G. *Ser sacerdote hoy* – Teología, praxis pastoral y espiritualidad. Salamanca: Sígueme, 2010.

JOÃO PAULO II. *Patoris Dabo Vobis* – Exortação apostólica sobre a formação dos sacerdotes nas circunstâncias atuais. São Paulo: Paulinas, 1992.

KASPER, W. *Servidores da alegria* – Existência sacerdotal; serviço sacerdotal. São Paulo: Loyola, 2008.

KOLODIEJCHUK, B. *Madre Teresa* – Venha, seja minha luz. Rio de Janeiro: Thomas Nelson, 2008.

MAJORANO, S. Sant'Alfonso e il discernimento. In: DONATO, A. & MIMEAULT, J. *Il discernimento*: fondamenti e luoghi di esercizio. Roma: Academiae Alfonsianae, 2018, p. 65-77.

MIRANDA, M.F. *A reforma de Francisco*: fundamentos teológicos. São Paulo: Paulinas, 2017.

_____. O desafio do agnosticismo. In: *Perspectiva Teológica*, n. 114, 2009, p. 211-231.

MORANO, C.D. *Crer depois de Freud*. São Paulo: Loyola, 2003.

MURAD, A. Devoção à Maria e a "Igreja em saída". In: *Studium*: Revista Teológica, vol. 10, n. 17, 2016, p. 11-30.

PAULO VI. *Evangelii Nuntiandi* – Exortação apostólica sobre a evangelização no mundo contemporâneo. São Paulo: Paulinas, 1986.

_____. *Marialis Cultus* – Exortação apostólica sobre o culto à Bem-aventurada Virgem Maria. São Paulo: Paulinas, 1974.

PEREIRA, W.C.C. *O sofrimento psíquico dos presbíteros* – Dor institucional. Petrópolis: Vozes, 2012.

PIRES, J.M. Dom Helder, testemunho e profecia. In: *REB*, n. 276, 2009, p. 940.

RAHNER, K. *Existence presbytérale* – Contribution à la théologie du ministère dans l'Église. Paris: Cerf, 2011.

RAMPON, I.A *O caminho espiritual de Dom Helder Camara*. São Paulo: Paulinas, 2013.

RATZINGER, J. *Introdução ao espírito da liturgia*. São Paulo: Loyola, 2017.

_____. *Natureza e missão da teologia*. Petrópolis: Vozes, 2008.

RUIZ DE LA PEÑA, J.L. *El don de Dios* – Antropología teológica especial. Santander: Sal Terrae, 1991.

SANTA TERESA DE JESUS. *Livro da vida*. São Paulo: Paulus, 2010.

_____. *Castelo interior ou moradas*. São Paulo: Paulus, 1981.

_____. *Caminho de perfeição*. São Paulo: Paulinas, 1979.

SANTO AFONSO. *A oração*. Aparecida: Santuário, 2017.

_____. *A prática de amar a Jesus Cristo*. Aparecida: Santuário, 2008.

_____. *La practica del confessor*. Madri: Perpetuo Socorro, 1952.

_____. *Opere ascetiche* IV. Roma: Redentoristi, 1939.

SÃO JOÃO DA CRUZ. *O amor não cansa nem se cansa*. São Paulo: Paulinas, 1993.

SESBOÜÉ, B. *Não tenham medo!* – Os ministros na Igreja de hoje. São Paulo: Paulus, 1998.

SOBRINO, J. *A oração de Jesus e do cristão*. São Paulo: Loyola, 1981.

TABORDA, F. A Constituição *Sacrosanctum Concilium* sobre a renovação da liturgia: avanços e perspectivas. In: *Horizonte Teológico*, vol. 12, n. 23, jan.-jun./2013, p. 9-38.

_____. *A Igreja e seus ministros* – Uma teologia do ministério ordenado. São Paulo: Paulus, 2011.

THERÈSE DE LISIEUX. *Histoire d'une âme*. Paris: Sarment, 2001.

THOMASSET, A. & GARRIGUES, J.-M. *Une morale souple, mais non sans boussole* – Répondre aux doutes des quatre cardinaux à propos d'*Amoris Laetitia*. Paris: Cerf, 2017.

VANHOYE, A. Sacerdoce commun et sacerdoce ministeriel – Distinction et rapports. In: *Nouvelle Revue Théologique*, n. 97, 1975, p. 193-207.

VELASCO, J.M. *El malestar religioso de nuestra cultura*. Madri: Paulinas, 1993.